AF358545

12 Vidas Heroicas

DESCUBRIENDO ANDRÓMEDA

12 Vidas Heroicas

Cosiendo el futuro

ÀNGELS BARDINA

Título: 12 Vidas Heroicas

© 2020, Àngels Bardina

Autoedición y Diseño: 2020, Àngels Bardina

Primera edición: agosto de 2020

ISBN-13: 978-84-18489-37-2

*Para crear lo fantástico, prime-
ro debemos entender lo real.*

Walt Disney

Prólogo

Cuando me dispuse a leer esta Trilogía, **DESCU-BRIENDO ANDRÓMEDA**, poco sabía con lo que me iba a encontrar, inicie su lectura con cero expectativas permitiendo que me condujera a donde ella deseara.

Así, poco a poco, su léxico rico y el buen gusto de la narración me fueron envolviendo y me permitieron vivir historias ajenas que muy pronto se hicieron mías, fue como si pasase frente a las puertas cerradas de cada casa que encuentro en mi diario transitar por mi vecindario y que un día, sin saber cómo ni porque, me invitaran a entrar para darme cuenta de sus vivencias y saber que no distaban mucho do las mías.

De esta manera tan respetuosa su autora Àngels nos permite, desde la recopilación de estas historias reales que le narraban en su taller de costura y autorizada por sus protagonistas a darles vida, nos permite decía entrelazar cada hilo y cada fibra de estas historias delicadamente, para entregarnos amplias enseñanzas cargadas de una gran sabiduría para nuestra vida.

A la vez recrea nuestra mente, transportándonos a unos lugares y momentos fascinantes dándole rienda suelta a nuestra imaginación por la riqueza descriptiva que posee en cada caso narrado en sus páginas.

En estas historias aleccionadoras podemos darnos cuenta de que cada experiencia que vivamos en nuestra vida es superable, que ninguna llega a ser tan terrible como en su momento lo pudimos imaginar. De hecho, algo que me dejaron claro es que, lo único terrible en la vida es aquello de lo cual no podemos salir nunca y eso sería la muerte, pero hasta esto es cuestionable hoy en día.

Lejos de hacer víctimas a sus protagonistas, Àngels nos permite darnos cuenta que cada una de estas personas son los narradores de su propia existencia y destino y que, como de una hermosa confección se tratara, ellos tienen en sus creadoras manos el éxito o el fracaso.

También en su generosidad narrativa nos permite ver las dos caras de la moneda, haciéndonos conscientes que cada situación vivida posee — para cada protagonista — su propia verdad, donde lo que aquello que tanto llegamos a criticar muchas veces en otros, es la suma total de lo que han vivido, en lo que algunos reaccionamos de una manera u otra formando nuestro carácter y vida.

Pero sobre todo nos muestra la capacidad del ser humano de superarse así mismo cada día y lograr, si es su verdadero deseo, su mejor versión.

Agradezco a Àngels por la gran elegancia con la que trata temas tan crudos y con la sutileza que los transmite, permitiendo así un viaje placentero por vidas que se me antojan realmente ricas y empoderadoras.

Y aunque alguna de estas historias de vida puedan llegar a ser a nuestro parecer e interpretación negativas por nuestro deseo inminente de que cada final sea feliz e idílico, su escritora no nos deja en esa imagen oscura, porque con sus reflexiones optimistas, les da una mano de barniz brillante y perlado que hace de cada lectura una enseñanza alentadora.

Por todas estas razones me permito recomendar esta trilogía a todos y cada una de las personas que lleguen a tener estos libros en sus manos y, con el permiso de su autora, os doy la bienvenida a un agradable viaje a nuestro mundo interior y a que podáis aprender de la cruda realidad del ser humano.

Adriana Silva Quintero

Escritora.

Abril del 2020

"El dolor puede pasearse por tu vida pero el sufrimiento no es necesario".

Lao Tse

A quien dedico este libro

Todos pasamos por dificultades en nuestras vidas. **TODOS**.

Algunos de nosotros pasamos por muchos problemas, otros por menos, todo depende de la suerte o el destino. En definitiva *"así es la vida"*, como dijo algún sabio no conocido por ahí. *¿Suerte? ¿Destino?* No creo en ellos, pero ya hablaremos de esto en mi próximo libro.

Te llegan experiencias que no esperabas: deudas, desamor, enfermedades…. También es posible que algún indeseable te haga alguna que otra jugarreta y tú no entiendas el por qué de las cosas. Porqué te está ocurriendo a ti, porqué no lo has visto venir, porqué te llega tal cosa con lo bien que estabas. Esto he intentado contar en mis libros de la Trilogía **DESCUBRIENDO ANDRÓMEDA**.

Y, cuando eso ocurre, te deja en estado de coma emocional.

Las adversidades de la vida nos llegan a todos más o menos por igual, aunque no todos somos capaces de reaccionar de igual modo.

Hay quien se rinde a la primera. También hay quien lucha con todas sus fuerzas – o eso cree — para evitar que ocurra lo que le está ocurriendo. Otros dicen que saldrán adelante aunque no se lo creen. Y otras personas, *"**las Heroínas y Héroes**"* no se conforman con lo que les está cayendo encima. Estos son los que de verdad luchan y salen adelante. Y si no consiguen salir pues no se hunden; reaccionan, pasa página y vuelven a empezar.

Sin duda, **Tú** podrías ser uno de los protagonistas de estas historias. He querido narrarlas porque son parte de las vidas de muchos de nosotros con más o menos pequeñas diferencias.

Pero, al margen de los giros literarios que yo les haya podido dar para salvaguardar el anonimato de los protagonistas, son relatos más que habituales en muchos hogares, relatos que se viven a escondidas, heroínas y héroes a quienes conocemos y de los que a veces nos compadecemos, pero a los que no ayudamos porque "¡*ya tenemos suficiente con nuestros propios problemas*!"

Hemos recorrido juntos un largo viaje hasta llegar aquí.

En este viaje al firmamento has pasado por dos libros en los que te he narrado las historias de unas mujeres ejemplares y también las de sus monstruos, quizá no tan monstruos, si reconocemos que tampoco lo tuvieron fácil.

A todos ellos va dedicado este tercer libro de la Saga.

Creo que son dignos merecedores de esta dedicatoria.

Gracias a ellos han ocurrido muchas cosas distintas y todas buenas en esta tercera fase de mi vida.

He descubierto que la vida pasa muy deprisa y que no me puedo perder un minuto más haciéndome la víctima. También he visto como **Sí** he sido capaz de escribir tres libros en tres meses cuando, desde mi adolescencia, quería ser escritora y no encontraba el momento de empezar.

Y al hilo de este descubrimiento me he dado cuenta de que "*el momento perfecto*" para hacer las cosas no existe. Nunca llega si lo esperas. Pero si lo quieres encontrar hay una técnica fácil y efectiva de hacerlo: te paras, te decides y levantas la voz diciéndole al mundo…

¡Ahora!

Y ya está. Vas y empiezas.

En este momento creo que mis libros pueden ayudar a muchos a encontrar sosiego, ideas y hasta un camino a recorrer para aliviar sus problemas. Quizá han visto en mis historias posibles soluciones a sus dificultades, soluciones que no se habían percatado que existían. O tal vez, a raíz de mis historias, se les han ocurrido maneras de mitigar sus dolencias o de salir por puertas que no veían que estaban allí para ellos.

Precisamente a las posibles soluciones está dedicado este tercer libro.

En 12 Vidas heroicas hay una parte de verdad, cierto. Pero también hay mucha parte de ilusión, de reflexión, de ganas de modificar los malos resultados.

Quiero con estas nuevas historias inventadas hacerte entender, querido lector, que si nos empeñamos podemos cambiar nuestros sentimientos respecto al pasado para que no nos duelan más.

Creo que fue Lao Tse quien dijo que "*El dolor puede pasearse por tu vida pero el sufrimiento no es necesario*". Es una de mis frases preferidas y una bandera a esgrimir cuando, después de procesar la información de mis problemas, quiero levantarme y volver a ser feliz, a estar viva, a ser yo misma.

Espero que mis palabras te animen, que sean una medicina para tus tribulaciones, que abran tu corazón a verdades y bondades que no sabías ver, que te procuren momentos de paz y sosiego y que te empujen, si lo que necesitas es un empujón, que te empujen digo a ver que la luz existe para ti.

Gracias gracias gracias por compartir parte de tu tiempo con mis libros. Ahora, sal ahí fuera. Mira al cielo. Y ve.

TÚ PUEDES DESCUBRIR TU ANDRÓMEDA.

Te quiero por todo lo que ya hemos compartido, y te quiero anticipadamente por todo lo que está por venir.

"Noches de tormenta" Nicholas Sparks

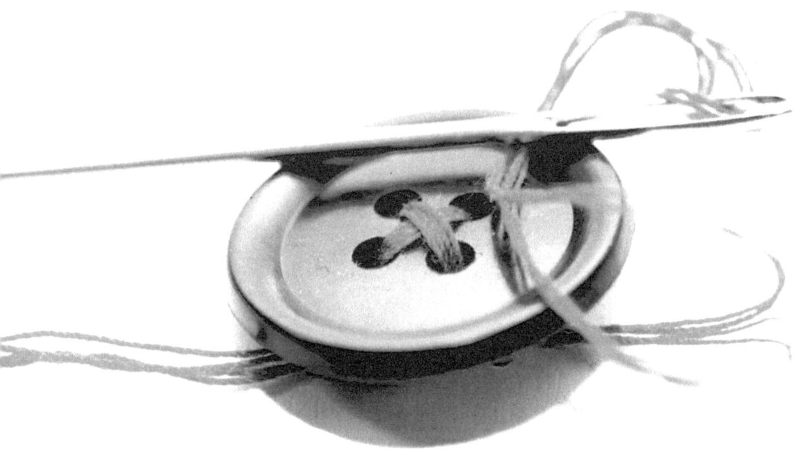

Testimonios

Entre las páginas de este libro podrás ser consciente de tus actos y decisiones, podrás entender que todo tiene más de un final y que no estás destinado a nada de antemano. Àngels, con una sensibilidad especial y un toque de ingenio, te acompaña a descubrir que todo depende de las elecciones que hagas. Adéntrate en estas páginas, ella te guiará.

Rocío Rincón, Autora de la trilogía "**Cuando aprendas a volar**"

Las historias nunca tienen un solo final. Siempre podemos cambiar. En las "12 Vidas Heroicas" Angels te lo muestra y te inspira a mantener siempre viva la llama de la fe y de la esperanza ante cualquier adversidad.

Norma Adriana, autora de la Trilogía "**8 Llaves**".

En este libro **12 VIDAS HEROICAS**, la Escritora nos hace referencia por medio de historias cotidianas a ir hacia nuestro interior y reconocer la parte que no nos gusta de nosotros y hacerla consciente para trabajarla, y valorar todo lo que tenemos, la vida, la familia, las cosas materiales, es un libro que recomiendo su lectura pues a través de su lectura te llevará a una vida extraordinaria. Gracias Àngels.

Mony Trejo Esquivel

Homeopata-Terapueta

Autora de la Trilogía "**Con Tus Propias Alas**"

En 12 Vidas Heroicas, el tercer volumen de esta trilogía, Àngels nos muestra como las cosas podrían ser distintas si en cambio de dejarnos llevar por la reacción y el enojo, echando nuestros propios miedos y frustraciones sobre la espalda del otro, actuamos simplemente desde el amor y el perdón ante todo, asumiendo la total responsabilidad de nuestra vida.

En la lectura de sus páginas nos veremos reflejados y encontraremos esa lucecita que hará que nuestra vida pueda dar un giro hacia la paz y la Alegría sabiendo que la solución y el cambio están en nosotros. ¡Gracias!

Mónica Alejandra Olmos autora de la trilogía "**El Regreso a Casa**".

Al leer tu relato me transporto a experiencias cotidianas de gente común.

Muestras de una manera muy contemporánea la trampa del orgullo, la arrogancia, que forma parte de la naturaleza humana y en la que muchas veces las personas caen aun sin darse cuenta de ello.

Señalando como el perdón y la verdad la mejor opción, que hace sobreponernos y elevarnos por encima de todo.

Gracias por pensar en mi para hacer un comentario a tu libro. Deseo que tus libros brillen y lleven luz a muchas vidas.

Marisol Mahecha Martinez

Introducción

Este no es un libro cualquiera.

Si has llegado hasta aquí ya has leído las historias de unas heroínas y héroes……

Ahora vamos a tratar con sus vidas, reales y posibles

Pero en todo casi siempre hay un denominador común:

EL CRECIMIENTO

Puedes buscar la luz……, puedes resurgir a una nueva vida más feliz, puedes….

Crecer.

No, no es un libro cualquiera, debes hacer lo que mejor sabes hacer, aunque no te hayas percatado todavía de que puedes hacerlo.

Ven a buscar tu luz, encuentra tu Andrómeda.

¡CRECE!

¡Vamos allá!

Índice

Se necesita mucha valentía para enfrentar a nuestros enemigos, pero también para enfrentar a nuestros amigos.

Dumbledore, La piedra filosofal.

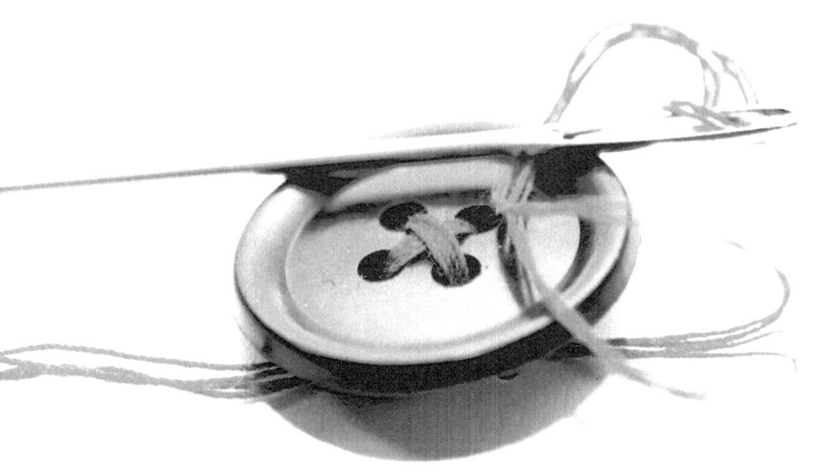

Primera Parte

La Cruda Realidad

La vida nos tumba muchas veces pero hay segundas oportunidades y lo mejor está por llegar.

"El tiempo entre costuras" (2009),
María Dueñas

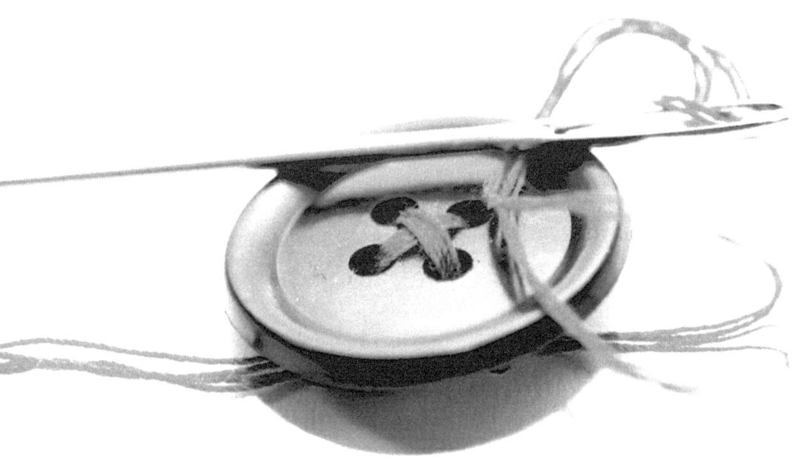

Consuelo y Jorge

Consuelo no podía entender porque la vida siempre les separaba.

Aquella mañana después de la verbena de San Juan bajó avergonzada a la piscina de la comunidad, como hacía cada día para que sus hijos pudieran pasarlo bien bañándose en compañía de sus amiguitos. La gente, los padres de los demás niños, la miraban contentos y le sonreían, nadie se percató de su turbación, ella había aprendido a disimular.

Esa mañana bajó sola. Su marido, Jorge, estaba durmiendo la mona como vulgarmente se dice, como hacía antaño, como hacía unos años atrás cuando aún era Pedante.

Si, la noche anterior no era otra cosa que el principio del fin. Otra vez. La vez definitiva.

Gracias a Dios no hubo heridos aquella noche en que ese hombre quiso tirar la puerta abajo con su hacha para matar a su mujer y llevarse a sus hijos. Los vecinos, alertados por el ruido de los golpes y los ladridos de los perros, enseguida acudieron a socorrer a Consuelo y a sus hijos pequeños.

La policía llegó a tiempo de evitar una enorme desgracia.

Y…. ¿A partir de aquí?

La cruda realidad es que…

Consuelo siguió viviendo con miedo.

Conoció a un hombre, esta vez enamorado y maravilloso, con el que mantuvo una relación de casi tres años pero que acabó en separación, ella no había superado aquella terrible experiencia.

Con el tiempo vendió esa casa y se fue con sus hijos a vivir a un pueblo vecino, no muy lejos de allí, ya que los niños querían seguir conservando a sus amigos y asistiendo al mismo colegio.

El nuevo hombre maravilloso de Consuelo tampoco pudo superarlo y acabó poniendo distancia para poder vivir de nuevo, ya siempre solo desde entonces, después de pasar por una terrible depresión.

Los niños seguían viendo a su padre de vez en cuando porque el juez le otorgó un régimen de visitas. Lógicamente, Consuelo se los entregaba con dolor, aunque en honor a la verdad lo cierto es que nunca les hizo daño alguno, al menos un daño físico observable. Si no contamos como "daño" que le vieran ebrio en general.

Jorge siguió viviendo de su agencia Inmobiliaria a trancas y barrancas, era raro que pudiera hacer una buena venta, solo los clientes muy interesados en alguno de sus pisos se acercaban lo necesario para comprar y perderle de vista.

Consuelo se puso a estudiar y sacó unas oposiciones. Esa fue su vida a partir de entonces.

Sola, con un sueldo que le aseguraba su sustento.

Con sus maravillosas piernas siempre bajo pantalones anchos para que ningún otro Pedante pudiera verlas.

Siempre caminando con sus dos fieles compañeros de vida, sus perros.

Y más perros que fue adquiriendo cuando alguno le faltaba.

Jorge siguió bebiendo. Siguió bebiendo hasta morir.

Los niños crecieron y tuvieron relaciones desgraciadas con sus parejas.

Consuelo se jubiló y siguió mirando a sus espalda cada vez que salía de casa, incluso escoltada por sus perros.

Esa es la cruda realidad que podría haber sido distinta, ¿te atreves a cambiarla?

Mª Luz y Quepa

Por primera vez en meses Mª Luz estaba feliz.

Se maquillaba y se vestía para una gran fiesta de acogida. El médico había dado el alta a Kepa, estaba por fin curado, había vencido su adicción a la cocaína. Esa noche iban a cenar y volverían a tener planes de futuro acompañados de sus hijos.

Kepa por su parte, también se había puesto elegante. Llevaba el pelo suelto y sus ondas reposaban en sus anchos hombros, cuando Mª Luz le vio pensó que sería la envidia de todas las féminas, su marido era el más guapo del pueblo.

Pero esa cena no acabó como pensaba ella ya que su marido había decidido invitarla para agradecerle su entrega pero no para seguir amándola.

Con palabras apagadas y una pizca de remordimiento le dijo a su mujer que se había enamorado de otra. La conoció en sus paseos de convalecencia cuando iba a buscar a sus hijos al colegio y, sin querer, empezó a quererla. No quería decírselo delante de los niños.

Al volver a casa y entrar en la habitación, Kepa le pidió de nuevo perdón por abandonarla. Mª Luz no derramó una lágrima hasta que, de madrugada, escuchó cerrar la puerta de casa.

Su cuerpo volvió a generar cáncer, primero un pecho y después el otro.

Y.... ¿A partir de aquí?

La cruda realidad es que...

Mª Luz nunca se rindió, siguió con **FE**. En lugar de dos hijos tenía cuatro y no podía dejarles en manos del destino y la asistencia social.

Luchó de nuevo contra su enfermedad y la volvió a vencer. Con un estado inmunológico muy debilitado no podía volver a su trabajo por tercera vez pero empezó a cocinar tartas que vendía en el mercadillo.

Kepa se fue con su diosa rubia. Tuvieron tres semanas de amor intenso que acabaron al acabar el verano cuando ella le dijo que volvía a Dinamarca para casarse con su novio de toda la vida del que nunca le había hablado.

Kepa la siguió a Dinamarca para convencerla de que la amaba más, que el otro la dejó marchar, pero le cerraron la puerta en las narices. Volvió a España en auto stop. Sin dinero ni trabajo llamó a la puerta de Mª Luz que le dio de comer, le dejó ducharse y le dijo que se fuera.

Actualmente vive en Toledo en una casa de acogida con otros mendigos adictos a todo tipo de vicios. Comen gracias a la caridad de un convento de monjas que les llevan una ración diaria cada mediodía, por caridad. No ha vuelto a ver a sus hijos ni sus hijos quieren saber nada de su padre. No tiene buena salud y no parece que tenga muchos años por delante si no ocurre un milagro. Sigue con su pelo largo y ondulado al viento aunque más canoso y el cuerpazo ya no existe, con su 1,82 de altura pesa solamente 54 quilos.

El propietario del bar del puerto le compró algunas tartas que ofrecía a los pescadores antes de salir el sol cuando volvían cansados de faenar. Aquellas tartas se hicieron famosas primero entre los pescadores y después entre todos los asiduos clientes del bar. Muchos acudían allí a desayunar los domingos por la mañana para degustarlas entre cafés y chapuzones en el mar.

Mª Luz sigue trabajando en el bar del puerto.

Román el sonrisas ya es mayor pero sigue enamorado de ella aunque nunca han sido pareja, su amor por ella es tan generoso que respeta su decisión de no querer tener otro hombre en su vida. Aunque ella lo intuye nunca lo han hablado, su amistad está hecha a prueba de tormentas y tsunamis.

Esa es la cruda realidad que podría haber sido distinta, ¿te atreves a cambiarla?

Margarita Ricardo

Hay vida después del divorcio, le decía su psiquiatra a Alba esa tarde de jueves mientras la veía llorar. Pero Alba tenía una depresión, como vulgarmente se dice, de caballo.

Hacía ya un tiempo que se habían separado. Tres veces. Y nuestra heroína no podía soportar aquella terrible perdida.

Ricardo había sido su príncipe azul, su héroe, su amor, el hombre de su vida. Incluso a pesar de sentir en sus carnes y en su corazón que todo iba de mal en peor, ella no quería perderle.

Margarita seguía dando bandazos de aquí para allá, con esa falsa sonrisita de buena gente, aceptando en su vida solamente a las personas que le bailaban el agua, es decir, que le miraban como alguien más importante de lo que era en realidad.

Y.... ¿A partir de aquí?

La cruda realidad es que...

Ricardo decidió no querer saber nada de su exmujer por motivos económicos. Cierto que todo había sido un caos. Cuando sufres más de lo que puedes soportar no piensas con claridad y Alba estaba ya por las catorce pastillas diarias.

Lo dicho, un caos.

En realidad la enfermedad del odio de Ricardo por ella, a día de hoy, parece ser que aún no se ha esfumado.

Pero Ricardo tuvo la suerte de encontrar una nueva mujer con la que recomponer su vida y siguen juntos. A Margarita le cae bien esta nueva pareja de su hermano y no han tenido problemas en su relación. Marian es una mujer bella e independiente y nunca ha tenido que trabajar con Margarita, quizá este sea el quid de la cuestión.

Margarita se divorció de Paco y se quedó con todo lo que pudo aunque ella nunca tuvo un trabajo real para colaborar en la economía familiar. Sigue creyéndose una tía genial, la ignorancia siempre ha sido muy atrevida.

Nunca reconoció que la celosa era ella. Y nunca lo hará, la culpa de las cosas que pasan siempre es de los demás, los que tienen celos según ella.

Con el tiempo, Alba se dio cuenta de que su felicidad no podía depender de nadie que no fuera ella misma. Dejó de tomar pastillas y de asistir al psiquiatra y se centró en que se puede ser feliz también sin pareja si esta no es la adecuada.

Nunca ha olvidado a Ricardo al que siempre consideró – y sigue considerando — el hombre de su vida. De vez en cuando le recuerda con amor, pero la distancia ya no duele. Le da gracias por haber estado a su lado unos años y por los tres hijos maravillosos que tuvieron, y que siempre, pase lo que pase, les unirán.

Esa es la cruda realidad que podría haber sido distinta, ¿te atreves a cambiarla?

Geraldine y Luis

Cúidate mucho.

Esa era la peor frase que un hombre podía decirle a Geraldine cuando se despedían por la mañana después de una noche de amor apasionado.

La frasecita de marras tenía varios significados negativos, pero el peor de todos era ese "***cuídate***", que Geraldine traducía como: "*ya puedes cuidar de ti misma, guapa, porque si esperas que lo haga yo, vas lista*".

Pocas veces una frase tan corta generaba tanto resentimiento en nadie.

Sin embargo para Geraldine, — que deseaba un marido o al menos una pareja estable como esperan agua las flores en mayo — aquellas palabras la mataban emocionalmente cada vez que las oía. Y lo malo es que las oía continuamente.

Para Luis, su hermano, ver llegar a casa a Geraldine era una especie de fiesta Mayor.

Acostumbrado a pasar sus días en posición horizontal en la cama de su habitación la mayoría de horas, se regocijaba al saber que estaría más acompañado que de costumbre.

Luis, pese a su nefasta enfermedad, goza de una vida tranquila. No la calificaría yo de feliz porque él desea muchas otras cosas, pero sí que es tranquila si sus voces internas se quedan calladitas. No tiene que luchar por su supervivencia gracias al estatus que mantiene su padre y a que recibe una asignación monetaria del Estado que le permite acceder a sus caprichos. Pero en conjunto es una vida tranquila.

Realmente, todos los deseos de grandeza que Luis perseguía son sólo eso, deseos, ya que si surge la oportunidad de hacerlos realidad le cuesta levantarse y ponerse en marcha. O bien quiere llevar la marcha a su ritmo y no al de quien le hace el encargo. Su sentimiento interno de ser mejor que los demás es la excusa perfecta para no hacer nada, a menos que sea él quien manda sobre los otros.

Aquella noche en que Geraldine llegó a casa destrozada por la forma que terminó de nuevo su última aventura amorosa, se encontró que su padre estaba acompañado por Nieves, la que ella consideraba su terrible madrastra. Y era lógico que fuera así ya que esa mujer y su padre se habían casado años atrás.

Y.... ¿A partir de aquí?

La cruda realidad es que...

Geraldine odiaba.

Internamente odiaba a su padre porque se había casado dos veces.

También odiaba a Nieves, se había casado dos veces. Ella ninguna. ¿Por qué?

Y estaba Luis, ese hermano al que quería querer, pero del que odiaba su enfermedad por si acaso algún día a ella le ocurriera lo mismo: escuchar voces extrañas en su cabeza que le mandaran hacer cosas contra su voluntad sin darse cuenta.

Entre el ir y venir desde su pueblo pirenaico a la casa de su padre cuando se agobiaba, siguen transcurriendo los años de esa bella chica llamada Geraldine. Entre aventuras, desventuras y oyendo: "**Cúidate**".

Luis también sigue igual. Por desgracia su desajuste mental no tiene ni explicación ni cura, acabará su camino de la misma manera que lleva años haciendo.

Esa es la cruda realidad que podría haber sido distinta, ¿te atreves a cambiarla?

Nieves y Job

Miedo y esperanza era lo que Nieves sentía cuando viajaba hacía su casa. No sabía en realidad qué le depararía el destino a partir de entonces.

Su amiga le había dicho que aquel hombre no era para ella, que hombres menos buenos pero que la amaran de verdad serían mejor compañía. ¡Ya lo creo que tenía razón!

Job, por su parte, se sentía fatal recordando a Inés una y otra y otra vez. Nunca se dio cuenta que Nieves le amaba a por todas y que quería hacerle feliz.

Job nunca apreció la suerte de conocer a alguien que te ama, te valora y se preocupa por ti, alguien que estará a tu lado pase lo que pase, en la salud y la enfermedad, en lo bueno y en lo malo, hasta que la muerte os separe. Alguien que querrá encontrarte de nuevo en la siguiente vida. Job nunca se percató que lo había encontrado dos veces.

Los amigos de Job no ayudaron tampoco demasiado. Excepto una, a la que esos mal llamados amigos seguían considerando la *"buena secretaria que vale la pena conservar"*, los demás aceptaban a Nieves, pero nunca la integraron en su grupo.

Tampoco Nieves estaba ya dispuesta a tanto. Job no la defendía nunca de los ataques de sus hijos y estaba hasta las pelotas de tanto acoso. Al final se cansó de amar.

Ha de ser terrible cansar se amar....

También se cansó de ser una callada víctima en aquel espacio que no era el suyo.

Y.... ¿A partir de aquí?

La cruda realidad es que...

Es que Job sigue haciendo lo mismo de siempre: pensar que es feliz. Su zona de confort no ha cambiado para nada, eso le reportaría un esfuerzo que no está dispuesto a hacer. La Indolencia es así.

Para él es más fácil creer que así es feliz. Recordando cada día a Inés, arreglando y barriendo su jardín, pensando que la vida le maltrató al quitársela, sintiéndose el pobre viudo que encara la vida con entereza. "*Pit i collons*" como se dice en catalán.

Nieves sigue pensando que esa forma de hacer es un gran desperdicio. Cierto que así no se esfuerza en nada, pero también es cierto que se pierde todo lo bueno que podría seguir teniendo. En todos los sentidos.

Nieves sufrió al renunciar a esa mal llamada sosegada vida de equilibrio que, en realidad, no le daba otra cosa que desesperación. Sin embargo ahora, gracias a la soledad que no deseaba tener, pudo reencontrar su valor y seguir hacía un nuevo futuro. Como dice el dicho, "*todo pasa por alguna razón*".

Job y sus hijos siguen engañándose a sí mismos pensando que sus vidas han vuelto a la normalidad y se siguen mintiendo con una felicidad que no les hace felices. Ellos lo seguirán negando. Es la Indolencia que se ha instalado en sus vidas. Idealizar, acostumbrarse al dolor, a la flojera, a la pobre visión del universo. Negarse a un mayor bienestar por la pereza de moverse. ¡Qué horror!

Nieves sabe que sus esfuerzos no tenían que seguir allí, no se puede ayudar ni amar a quien no quiere ser ayudado ni amado. Tampoco le corresponde a ella cambiar la vida de nadie y no era su misión hacerlo. Se ha percatado que ese no era su propósito. Su obligación era dejarles, como no lo hizo alguien le obligó. Fue duro, pero fue justo.

Nieves se ha dado cuenta que sólo ella es responsable de su propia felicidad. Ahora está más sola pero también más feliz y sus nuevos proyectos van viento en popa. La vida le llevó hacía lo que estaba destinada a hacer. Se reencontró a sí misma y agradece cada día lo que tiene y lo que llega. Ahora sí es feliz.

Esa es la cruda realidad que podría haber sido distinta, ¿te atreves a cambiarla?

Elisenda, Sergio y Sol

Cuando su coche estuvo arreglado Elisenda volvió a su casa con una lista de deseos y objetivos a cumplir. Al llegar estaba tranquila y esperanzada por su nueva manera de afrontar las cosas tal como le había enseñado Hugo.

Su marido y su hijo Sergio la estaban esperando con semblante de rabia, hacía tres días que lo único que sabían de ella era que su coche se había averiado y no podía volver a casa.

Eso implicaba que tampoco llegaba a casa ninguna bolsa con comida y cerveza. Tampoco ningún bolso del que sustraer unos pocos euros para comprar "*petardos*".

Elisenda sabía que aquello pasaría y se preparó para afrontar la lluvia de reproches que se le acercaba. Y así fue durante casi media hora.

Cuando pasó aquella media hora ya no podía más.

Creyó que con su nuevo estado de claridad podría hacer ver a todos que se equivocaban, que sus vidas eran pobres en todos los sentidos, que el alcohol y las drogas no hacían otra cosa que paliar un poco sus sufrimientos consiguiendo el efecto contrario ya que el poco dinero que tenían lo gastaban en los vicios. Un círculo vicioso. O mejor dicho, una espiral descendente imparable.

Sin embargo su familia no lo tenía tan claro. Y lo cierto es que no lo querían ver. Se habían instalado en su horrible zona confortable esperando a que Elisenda volviera cada noche con sus dosis de vicio. Eran vagos e irresponsables y lo seguirían siendo.

Hugo le hizo ver muchas cosas respecto a sí misma, pero nunca le habló de cómo debía afrontar la fuerte oposición a la que se iba a enfrentar.

Y.... ¿A partir de aquí?

La cruda realidad es que...

Pues a partir de aquí lo que pasó fue que Elisenda no encontró ningún motivo para cambiar.

Se dejó caer de nuevo, más hondo si cabe, en su estado depresivo. No buscó nuevo empleo porque seguía destilando victimismo aumentado y acrecentado por la incomprensión que obtuvo de los suyos.

Su marido le hizo menos caso aún. Cuando llegaba a casa, sus bolsas seguían con cervezas y su monedero con algunos euros que acabarían robados por Sergio.

Sergio siguió exactamente igual pero su mal humor se fue haciendo crónico y más desagradable pues su adicción iba en aumento.

Hizo todo lo que le dijo al juez que haría y se desintoxicó, no entró en la cárcel, pero ya vuelve a estar enganchado al cannabis y a las cervezas. De momento no ha vuelto a robar fuera de casa pero no lo hace porque su madre piensa que es mejor dejarle que le vacíe el monedero antes que volver a las denuncias y a los juicios.

Sol llega de vez en cuando de visita desde Londres, nunca han vuelto a hablar de su hijo.

No acabó los estudios. Su novio dejó de ser su novio hace tiempo, vive en un piso compartido con otras cuatro chicas y trabaja de camarera en un bar en una zona periférica de la City.

No quiere volver a casa porque dice que sus padres no quisieron quedarse con el bebé, hasta el día de hoy aún no ha reconocido que la responsabilidad de todo lo ocurrido en su vida es única y exclusivamente suya.

Esa es la cruda realidad que podría haber sido distinta, ¿te atreves a cambiarla?

Mayte y Alex

Mayte escuchó con pena todas las explicaciones que Carlos le daba.

Cierto que a veces las relaciones se acaban aunque uno no quiera, pero también era cierto que a veces es mejor dejarlas morir que seguir muriendo instalada en ellas.

Después de todo lo ocurrido tuvo que hacer frente a esa noche aciaga en que se enfrentarían las dos para resolver la separación y Mayte estaba decidida, lo mejor era terminar. Aunque en su abatido corazón algo se revelaba, al conocer a Alex pensó que sería un amor eterno….

Alex por su parte estaba fuera de sí ya que su futuro era negro como una cueva profunda.

No tenía trabajo y la fortuna familiar había desaparecido, así que la separación de Mayte la abocaba a un nuevo principio, otro nuevo principio en su existencia, algo que aborrecía hacer, empezar de nuevo.

Mayte dudó muchísimo si aceptar el ofrecimiento de Carlos: dejar todo atrás o seguir trabajando en el restaurante de siempre haciendo lo de siempre exponiéndose a que Alex pasara por allí, de buenas o no. Era dubitativa en extremo, también miedosa. Sin embargo se convenció que lo mejor era quedarse.

Se convenció de que era mejor quedarse mientras hacía la maleta, mientras llamaba un taxi, mientras miraba el gran barco atracado en el puerto.

Cuando el capitán la invitó a subir supo lo que debía hacer: subió.

Se percató que por primera vez en su vida había sido valiente enfrentándose a una pareja que la aprisionaba y creyó que a partir de entonces ya todo sería diferente.

Alex se fue. Cogió el poco dinero que Mayte le dejó encima de la mesa para que pudiera pasar ese mes sin agobios económicos, llamó a su madre y se instaló con ella. Retomaron su relación que había terminado muchos años antes por causa de su padre que nunca aceptó su condición sexual.

Y.... ¿A partir de aquí?

La cruda realidad es que...

Han pasado cuatro años. Mayte sigue en un barco de Green Peace y no tiene intención de abandonar. Tiene dos meses de vacaciones al año que pasa en su piso, el que compartía con Alex, pero lo ha pintado y redecorado a su gusto.

Guarda las fotos de su relación con Alex porque le recuerdan que, a veces hay que tomar decisiones rápidas que pueden cambiar la vida a mejor.

La madre de Alex le fue recomponiendo el corazón a base de mimos y de charlas larguísimas sobre la caridad, el perdón y la paciencia. Le hizo ver que su condición sexual no era un problema y que el problema lo tenía su padre al no aceptar a su hija tal como era, estaba firmemente convencida que la culpabilidad le fue volviendo loco poco a poco.

A día de hoy trabaja de jardinera en un Garden Center de una localidad cercana a Barcelona. Su vida se ha vuelto tranquila y estable gracias al contacto con la naturaleza y a la naturaleza de esa madre suya tan sacrificada que la abrazó y la acogió cuando más falta le hacía. No tiene pareja.

Mayte y Alex nunca se han vuelto a ver pero se sienten felices con sus nuevas vidas.

Esa es la cruda realidad que podría haber sido distinta, ¿te atreves a cambiarla?

Saray y Omar

Los deseos te hacen vulnerable y eso es lo que le ocurrió a Omar, que deseaba demasiado, demasiado sexo. En realidad lo suyo ya hacía tiempo que había dejado de ser deseo, era una obsesión enfermiza, insana e insaciable…

Esa mañana al salir de casa de Paula se sintió raro, una flecha parecía estar alojada en su corazón. Y sí, había algo en su corazón, un principio de infarto que le llevó a saborear la hierba de ese parque por el que paseaba.

Saray recibió la llamada del hospital. Una enfermera le informó que su marido, Omar, se había desplomado cuando iba de camino a casa; por suerte, un compañero le vio y le atendió, llamó una ambulancia que llegó a tiempo de estabilizarle.

Saray llegó al hospital y habló con el médico para saber de su estado. No es que tuviera muchas ganas de verle pero era el padre de sus hijos y ella, como buena princesa mora, pensaba que sus hijos, a pesar de todo, le tenían que querer.

Durante toda aquella semana Saray estuvo visitando a su exmarido mañana y tarde. Le llevaba ropa limpia y le acomodaba las almohadas; le ayudaba a ducharse y le acompañaba a caminar por el pasillo cuando el médico se lo exigía, tenía que recuperarse.

Cuando por fin le dieron el alta, Saray le fue a buscar en coche.

Y.... ¿A partir de aquí?

La cruda realidad es que...

Saray le acercó a casa de Paula para desconcierto de Omar. Él creía que su exesposa le llevaría de nuevo a su casa de donde no tenía que haber salido nunca, pero no fue así.

Al verle llegar, Paula se puso a reír y le dijo que tenía sus cosas empaquetadas, que se las llevara, que no pensaba cuidar de un enfermo. Omar volvió a subir al coche pensando que, esa vez sí, volvería con su esposa y sus hijos.

Pero tampoco fue así.

Saray le acercó a casa de su tío. Llamó a la puerta y el anciano le rogó que se apiadara de Omar pero ella lo tenía muy claro: ese hombre la abandonó, mintió, la acusó de adúltera y le pidió el divorcio, no le acogería de nuevo en su casa ni en su vida nunca más.

Faruk amparó a su sobrino. El anciano le acomodó en una pequeña habitación donde acabó muriendo a los quince días de llegar allí. Murió de un nuevo infarto, sin embargo el forense también apuntó que de no sufrir una nueva crisis cardiaca también habría muerto en pocas semanas de un cáncer de próstata terminal no diagnosticado.

Faruk murió al poco tiempo, era un anciano de 96 años y el disgusto paró también su corazón mientras dormía. La tristeza le mató, no la edad.

Saray asistió al funeral de Omar por dignidad. Su rostro era de una belleza seria y grave, no vertió una lágrima. Fátima, Idris y Leila, los hijos de Omar, no fueron al funeral de su padre. Sus *"amigos"* tampoco.

Nadie le dio el pésame a Saray. Nadie llevó flores a la tumba de Omar.

Paula ya tenía en casa un nuevo novio que llenaba su cuerpo de moratones. También acabó en el hospital por una paliza que casi la mata.

Saray siguió adelante con su vida como si nada hubiera ocurrido, sabiendo que había cumplido con su deber. Vivía gracias a su trabajo de costura.

Esa es la cruda realidad que podría haber sido distinta, ¿te atreves a cambiarla?

Amelia y Federico

Cuando Rosana, la enfermera, le habló de la residencia para madres drogodependientes, Amelia se hizo la tonta:

- ¿Tenemos que hablar de eso antes de comer?

- Precisamente ¿por qué tienes más hambre de lo normal? Porque estás embarazada, ¿recuerdas?

- ¿Cómo pretendes que me olvide con este barrigón que no me deja ver mis pies?

La decisión de Amelia de internarse para salvar la vida de su hijo fue una de las decisiones más difíciles que tomó en su vida, pero también una de las más acertadas. Gracias a su fuerza de voluntad pudo salir de ese trance y, lo más importante, decidir que nunca volvería a él.

Federico por su parte, se desintoxicó gracias a Mateo y a los cuidados de Amelia. El ver a su hijo David corretear por los pasillos le ayudó a tener suficiente fuerza de voluntad para curarse.

Pasó siete meses en el hospital y consiguió ganar algo de peso. Mateo le instó a montar unas clases de baile para los internos y así le tenía entretenido unas horas semanales. A él y a otros internos que también luchaban contra sus demonios.

La cruda realidad es que...

Amelia ocupó el lugar de Rosana cuando ésta murió, era lo que debía hacer y para lo que estaba destinada a vivir. Su hijo David nació sano y mientras escribo este relato acaba de cumplir los 12 años; es la razón de vivir de su madre y la alegría de sus tios que suelen visitarle de tres a cuatro veces al mes.

A Amelia le nombraron jefa de departamento y se ocupa de mujeres con adicciones, su experiencia y su compasión por los más débiles la hicieron la candidata ideal para ese puesto. Tiene a su cargo diecisiete personas.

En sus ratos libres acude a una academia de baile, su segunda pasión.

David ve a su padre esporádicamente. Amelia le ha inculcado el amor a la familia, un amor que ella nunca tuvo; cree que se puede ayudar a los que no se dejan ayudar simplemente con un abrazo y así lo practica el chico con su padre.

Federico le prometió a Amelia que dejaría de "*viajar volando como pluma al viento*" y le pidió que se fuera con él de gira por el país con una obra de teatro musical pero no pudo convencerla y acabó por abandonar de la compañía.

Marchó de nuevo a Lisboa y abrió una pequeña academia de baile donde imparte clases a niños y niñas de cinco a doce años. Su agilidad no es la misma ni de lejos pero le sigue quedando la experiencia que adquirió en Rusia.

De vez en cuando su hermana le visita. También de vez en cuando le manda dinero para que pueda pagar el alquiler del local.

Su hermana Helga no llegó nunca a ser primera bailarina pero sigue en el coro del ballet del Kremlin, cuando hacen giras por Europa se toma unos días libres para visitarle.

Esa es la cruda realidad que podría haber sido distinta, ¿te atreves a cambiarla?

Carmela y Octavio

Carmela se despertaba cada mañana agradeciendo estar viva. Ya no luchaba contra los elementos ni contra su desgracia.

El resentimiento hacia Octavio tampoco entraba ya en sus planes. Pidió a su psiquiatra y a sus padres que le dejaran ponerse en marcha, quería recuperar el tiempo perdido y les hizo ver que la mejor medicina para ella era ponerse de nuevo a cocinar.

Llamó a Segundo para aceptar la oferta y le pidió que esperara unos quince días, tenía que ponerse un poco en forma y buscar un apartamento donde vivir, ya no quería depender de sus padres como antaño cuando era pequeña. Segundo, por supuesto, esperó.

Octavio borró la sonrisa de su cara aquel jueves en que su jefa Carmela apareció por el "Carmelita 2".

Al ver a su amor platónico no la reconoció; su "*guindilla de maceta*" se había convertido en un toro pateando a punto de embestir, una mujer de facciones duras con la seguridad que le confiere ser el jefe del negocio. Le despidió de manera fulminante.

El miedo a perderla ardió en su corazón como ardería esa misma noche el restaurante.

Y…. ¿A partir de aquí?

La cruda realidad es que…

La cruda realidad es que Carmela salió adelante.

Después del incendio y de cerrar sus restaurantes había pasado por una terrible depresión en la que
pedía al universo que le mandara llamas devorado-
ras a su alma y su corazón para poder morir solidari-
zándose con sus queridos establecimientos. Pero a
las buenas personas el Universo no les manda demonios, les manda ángeles. Y su segundo cocinero
fue su ángel cuando la visitó aquella mañana con un
regalo en forma de cazuelas.

Nuestra heroína vio en aquellas cazuelas algo
que la llamaban a vivir.

En poco tiempo pidió reincorporarse a la vida
laboral gracias al ofrecimiento que su Segundo le
hizo y, al poco tiempo, ya llevaba las riendas del
comedor social como si de sus restaurantes se tratara.

Carmela pudo dar un giro a su vida, si bien siguió
haciendo lo que siempre le había gustado hacer que
era dedicarse a cocinar. En esos seres hambrientos encontró más amor y cariño que en sus antiguos
clientes VIP.

Su vida es ahora más plena y rica que antes aunque los menús los costean los agentes sociales y varios mecenas. Y según dice, allí seguirá hasta que se
muera.

Segundo cocinero, como él mismo dice, seguirá
también a su lado hasta que se muera.

Octavio terminó confesando. De cabeza a la cárcel estuvo allí durante doce años, le conmutaron cinco porque no gozaba de buena salud.

Su salud no era buena porque fumaba y fumaba y
fumaba. Y no solo tabaco. Entre el humo y la marihua-

na su estado era cada vez más precario.

Le soltaron una tarde de setiembre con trescientos euros para que pudiera "*empezar*". Y empezó comprando más marihuana. Entre porro y porro hacía dedo porque quería dirigirse a su Cádiz natal.

Uno de sus hermanos mayores le acogió, pero acabó dándole una puñalada en el estomago en una pelea.

Octavio murió solo a los siete meses de salir de la cárcel.

Carmela se enteró al cabo de un año por Segundo. Se apiadó de él durante quince minutos después de los cuales volvió a sus queridas "*cazuelas Carmen*".

Esa es la cruda realidad que podría haber sido distinta, ¿te atreves a cambiarla?

Aída, Piero y Catalina

Piero no era romántico, ¡era patético!

Como cualquier marido que desea engañar a su esposa y se arrepiente en el último segundo, Piero le había dicho las palabras mágicas que te despiertan de un sueño largamente esperado a realizarse, de la peor forma: "*no es por ti*"….

Pues ¡claro que no es por mi! Pensó Aída en ese instante en que él se levantaba para irse. No es por mí, imbécil, es por ti; porque no tienes huevos, porque no quieres enfrentarte a lo que podría venir, porque un divorcio te reportaría un montón de gastos. Pero... ¿Y todo lo bueno que tendrías conmigo? ¿No te lo planteas?

No, claro, todos hacen lo mismo, son cobardes. Pues que se vaya a la mierda, yo no estoy hecha para ser la segunda ni la amante, yo me merezco T-O-D-O.

Aída recordaba este chaparrón de sentimientos y expulsaba por los ojos un chaparrón de lágrimas. Así era ella antes de todo lo ocurrido, así de esclava de su EGO con mayúsculas, así antes de saber que Catalina era su hermana.

Piero y Catherine, que éste era su nombre real, estaban disfrutando de su éxito. Habían ganado el juego y tenían ante ellos una gran colección de vestidos sensacionales dignos de una gran princesa, dignos de Mei, la madre de Catherine.

Catherine se probó unos cuantos, eran espectaculares y parecían hechos especialmente para ella.

Las suaves sedas, encajes y crêpes Georgettes acariciaban su cuerpo escultural. Era una pena desprenderse de ellos.

Y.... ¿A partir de aquí?

La cruda realidad es que...

La cruda realidad es que Aída aprendió la lección. Después de unas semanas de pataleos y rabietas reflexionó, pensó que todo era como una pesadilla y no como un sueño y puso tierra por medio para olvidarse de lo ocurrido.

Pensando que todo iría mejor en la distancia se encontró sola, abatida y sin nada gracias a unos ladrones de guante blanco. Ahí es cuando empezó a sanar al ver la miseria de una mujer con siete hijos que repartió con ella el poco pan que tenía.

Aída volvió porque un empleado de la embajada española le dio asilo y un billete de avión. Al entrar en casa de nuevo pensó que era un gran palacio de riqueza extrema en comparación con la cabaña hecha de palos donde vivía su protectora hindú.

Puso manos a la obra y creó un taller con diseños inspirados en sus vestidos. Pateó calles plazas y ciudades para venderlos y, cuando ya tuvo treinta clientes viajó a la India de nuevo. Allí encontró a aquella mujer que la había protegido viviendo en el mismo parque y bajo la misma choza de lona.

Aída dio todos los pasos legales para poder alquilar una vivienda digna para aquella madre con sus siete hijos y le compró cuatro máquinas de coser. Le enseñó sus modelos y cómo coserlos, le pagaría un tanto por unidad y le pidió cien vestidos al mes. Sus hijas mayores también recibirían un sueldo.

A día de hoy Aída es la propietaria de una firma conocida de moda. Vende sus modelos por toda Europa pero no hace grandes producciones, prefiere ser reconocida como diseñadora que como supertienda. El 30% de las ganancias las destina a organizaciones sin ánimo de lucro en la India. No tiene pareja.

Piero y Catherine viven en Francia con sus tres hijos. Piero sigue trabajando en el hospital francés donde conoció a Catherine y ésta se dedica a cuidar de sus tres niños. También se dedica a llevar toda la parte administrativa de la empresa de Aída en Francia donde sus modelos tienen gran aceptación entre la gente VIP.

Aída, Piero y Catherine se ven a menudo. Después de unos meses de dura relación y muchos reproches llegaron a la conclusión que la colección de vestidos de Givenchi y Karl Lagerfeld están bien donde están.

Aída le propuso a su hermana que llevara sus negocios en Francia y a día de hoy suelen reencontrarse una vez al mes para hablar de negocios, pero lo más importante, para hablar de sus vidas.

No son como hermanas, ¡SON HERMANAS!

Esa es la cruda realidad que podría haber sido distinta, ¿te atreves a cambiarla?

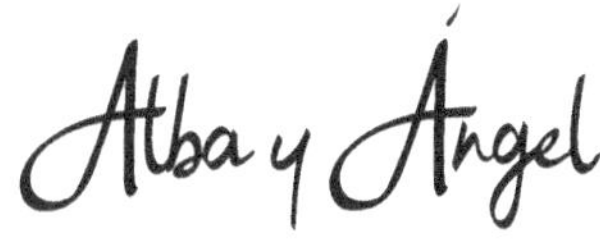

Cada mañana Alba tenía el mismo dilema: seguir durmiendo o levantarse a contemplar el majestuoso círculo rojo emergiendo soberano sobre las islas Medas.

Al abrir los ojos oía la respiración de ese ángel venido muy a menos sabiendo que se hacía el dormido. Se hacía el dormido esperando a que ella se levantara a poner la casa en marcha. Sabía que si no se levantaba, lo que se levantaría sería un vendaval de reproches y gritos.

Ella creía sólidamente que era otra de sus jugarretas sutiles y arteras para atacarla; si ella no ponía los pies en el suelo al sonar la alarma del reloj, él podía castigarla de nuevo arañando su autoestlma diciéndole cualquier estupidez que le arruinara el día. Era su juego preferido, arruinarle el día y con el día me refiero a todo el resto de sus días.

Como ese dicho popular machista y vejatorio que hace reír a tantos hombres a los que no se debería denominar "*hombres*" solo porque tienen dos pelotas entre piernas.

"*Cuando la veas, pégale. Aunque tú no sepas porqué ella seguro que lo sabe*".

Levantarse por las mañanas era una tortura, peor que un parto complicado. Sin embargo Alba sabía que era mucho peor no hacerlo, así que empezó a encontrar justificaciones y librarse de culpabilidades, para defenderse de sí misma y de su falta de acción y de autoestima.

- Él sólo quiere que la casa y los niños funcionen como es debido.

- No sé por qué soy tan vaga, suerte que le tengo a él que me hace levantar cada día.

- ¿Cómo puedo ser tan mala madre que no tengo tiempo para hacer un desayuno equilibrado a la familia?

- Pobre Ángel, está preocupado porque no encuentra trabajo, tengo que cuidarle mejor…

Ángel, por su parte, escudriñaba cada gesto de Alba al amanecer.

Sabía lo qué significaba cada suspiro y cada respiración de ella y se despertaba como un resorte cuando Alba empezaba a abrir los ojos, como si se hubiera abierto la ventana de la habitación de par en par.

Si, tenía que controlarla. Si no lo hiciera así, esa mujer se levantaría tarde i ¡ala! Todos a correr…, cuánta suerte tenía esa pobre e insubstancial mujer que él la quisiera tanto…. Y qué poco se lo agradecía. Si él no estuviera en casa aquella familia sería un desastre, sobre todo por esos tres hijos malcriados que ella tenía.

¡Cómo se notaba que nadie se había hecho cargo de esos pelmazos! Qué gran diferencia con sus niños, que eran tan buenos y educados.

Y…. ¿A partir de aquí?

La cruda realidad es que…

Alba no podía más.

Estaba totalmente enganchada a ese malnacido, tenía **TODOS** los síntomas terribles de la mujer maltratada que protege a su agresor. En contra de ella misma.

Sin embargo también tenía una tenue voz interior que le decía de vez en cuando que lo mejor era morirse o mandar al infierno a su Ángel. Y así fue como un día se personó en casa de su amigo y abogado pidiéndole que se lo quitara de encima.

- Sé que mañana te diré que no me hagas caso, que estaba enfadada y equivocada. Sé que te rogaré que lo olvides, que no hagas nada..., pero tú ni caso. Hoy es uno de esos pocos días que estoy lúcida; mi vida y la de mis hijos es un infierno, quítamelo de encima lo antes posible, por favor.

Así se hizo. Costó, pero se hizo.

Y Alba recuperó su ansiada soledad. No así a sus hijos que ya se habían ido de esa casa infernal, pero estaba segura que con el tiempo y los años, quizá entenderían el porqué su madre hizo muchas cosas mal. También muchas de las cosas que su madre había tenido que hacer muy a su pesar.

Ángel se fue. Y aunque seguía haciendo pequeñas incursiones en la vida de Alba, ella no le escuchó. Supongo que también estaba enganchado a esa rutina suya de pisar a otro para parecer más alto.

Al final acabó por desaparecer. No tengo ni idea de lo que fue de él.

Esa es la cruda realidad que podría haber sido distinta, ¿te atreves a cambiarla?

Segunda Parte
Las Fortalezas De La Realidad

Confía en el tiempo, que suele dar dulces salidas a muchas amargas dificultades.

Miguel de Cervantes

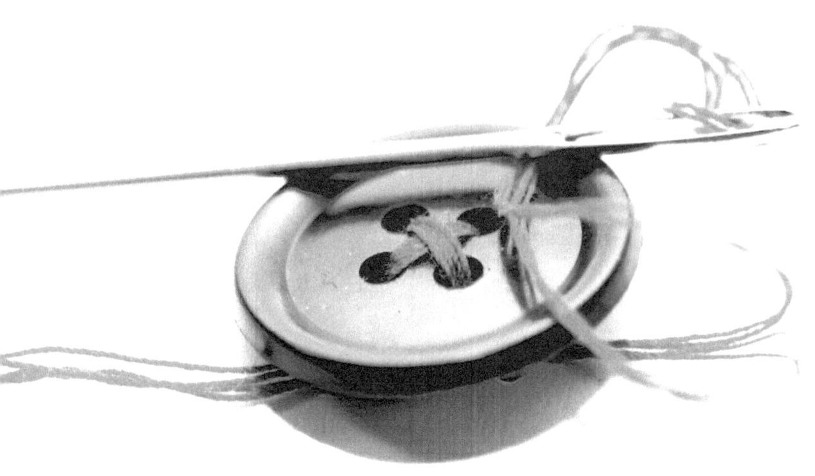

Consuelo y Jorge

El Perdón Vs La Vanidad

Cuando el médico le dijo a Consuelo que estaba embarazada se quedó de piedra, no sabía discernir si la reacción de Jorge sería a favor o en contra y caminaba en piloto automático, su mente estaba en otra cosa:

- Siempre pensé en tener dos o tres hijos pero ni por un momento me imaginé tenerlos ahora…

- ¡No estoy preparada! ¿Qué hago? ¿me preparo o lo dejo para más adelante?

- Me cuesta prepararme así de repente…

- Pero ¿abortar? También tendría que prepararme para hacerlo, no entiendo que pueda hacerse sin sentirse culpable…., a no ser que te violen, o que sea un caso de vida o muerte, o…., claro, pero no es el caso….

- ¡Pero estoy contenta en realidad!

- Pero si Jorge no quiere me sentiré fatal….

Supongo que puedes imaginar todos los pensamientos ambivalentes que pasaban por su cabeza. Algunas veces todos nos hemos sentido así por cuestiones diferentes, ese sentir de amor y odio, risa y lágrimas, miedo y esperanza, a la expectativa, a ver qué ocurre….

Caminando hacia su oficina no tenía ni idea de lo que ocurriría, pero nunca se le pasó por la mente lo que realmente ocurrió ese día.

Abrió la puerta con su llave y al entrar saludó a la telefonista que levantó la mano y le sonrió. A continuación se fue directa al despacho de Jorge. En ese momento ya habían ganado dentro de ella los sentimientos positivos y estaba feliz, expectante pero feliz.

Jorge disimuló su turbación y le pidió que espera-ra, estaba en medio de una conversación telefónica importante y quería cerrar la venta lo antes posible. El "*antes posible*" duró toda la mañana y toda la tarde, no salió ni para comer.

Sobre las siete de la tarde Jorge salió del despa-cho a toda prisa sin querer hablar con ella, tenía que irse y le dejó un sobre encima de la mesa.

Ese sobre era el principio del fin.

Ese sobre era el fin para un nuevo principio.

Si ya has leído los dos libros anteriores ya sabes cual fue el desenlace de la historia, pero ahora yo, que soy muy optimista, quisiera mostrarte desenlaces alternativos que podrían haber cambiado el rumbo de las cosas.

Querido lector, al llegar aquí sabemos cuáles son las versiones y las razones por las que nuestra heroí-na y nuestro héroe actuaron como lo hicieron.

—¿Qué pasaría si hubieran hecho cosas dife-rentes?

CONSUELO:

Consuelo salió del despacho en estado de choc. No podía entender que Jorge la despidiera sin ni siquiera darle una explicación, sin tener al menos una última conversación.

Se dirigió a casa de su hermana Ana que la acogió entre sorprendida y cabreada. Era del dominio público en la familia que a Ana nunca le había gustado ese hombre, sabía que tarde o temprano le haría una jugarreta.

- Conso ven, acuéstate un rato. Ahora aún no puedes llorar pero empezarás a hacerlo cuando te des cuenta de lo que representa esa carta en realidad, no es solamente un despido laboral.

Ana sabía — como todo el mundo sabe — que las malas noticias hay que procesarlas. Al principio te dejan con la boca abierta, te pillan fuera de juego y no reaccionas, pero es cuestión de tiempo que te pongas a llorar.

Ana sabía también que una mala noticia es exactamente eso, una mala noticia, y que no era prudente querer transformarla en posibles esperanzas.

Con el paso de las horas Consuelo empezó a darse cuenta de su nueva situación. Tal y como Ana había previsto empezó a sentirse mal, tenía dolor de cabeza y miraba la carta de despido con estupor.

Como no era adecuado darle ningún tipo de medicacion en su estado, Ana le preparó un pequeño bocadillo y una tila con la recomendación de que se metiera en la cama y descansara hasta el día siguiente.

No es que Consuelo durmiera mucho pero sabía que quería tener ese hijo que empezaba a latir en su interior. Ya había decidido, si estaba aquí era por algo, su hijo nacería. Resolvió esperar a que el sol alumbrara el día y también sus ideas.

Consuelo, por su hijo, hizo sin saberlo lo mejor que podía hacer por sí misma. No pretendía evitar ese dolor ardiente de su interior pero sí quería asimilar las cosas tal y como eran y no desde la desesperación.

Por la mañana se levantó despacio, sobre las nueve, había tomado una decisión.

- Ana, debo ir a ver a Jorge.

- Ni se te ocurra, todavía no es el momento.

- Pero Ana, no hemos tenido ninguna conversación, seguro que Jorge no quiere tener hijos, ya lo entiendo, y también sé que no es muy tolerante, pero creo que me debe una explicación, por el despido.

- No te dará ninguna, está cabreado y te mandará con viento fresco sin decirte una palabra.

- Ana, conozco a Jorge, no es muy valiente pero tampoco es tan despiadado, creo que alguien ha influenciado en el.

- Pues vaya amigos tiene….

- El está un poco enfermo, ha caído en los brazos del alcohol y pienso que le han aconsejado mal.

- No me parece buena idea que vayas….

- Por favor, hermanita, entiéndeme…

- Te acompañaré.

- No. Si te ve seguro que reacciona mal, y es algo entre él y yo, iré sola.

- Hablarás con él a solas si quieres pero yo te acompaño con el coche y espero que salgas.

- Bien. No es mala idea.

JORGE:

Saliendo del despacho a toda prisa estaba como un niño que ha roto un cristal de una pedrada. Se fue como los ladrones, corriendo y escondiéndose por los rincones lejos de esa mujer que nunca le hizo ningún mal.

A los veinte minutos se encontró con su amigo y abogado en el bar que solía ir con Consuelo a tomar unas copas cuando cerraban una venta importante.

- Hombre Jorge, como vas, ¿todo bien no?

- Si si, bueno….

- ¿Bueno que? ¿le has dado la carta?

- Si.

- Y ¿Cuánto dinero le has dado?

- Más del doble de lo que me aconsejaste.

- ¿Estás loco? ¡no hacía falta!

- ¡Pero ella siempre se ha portado bien conmigo! no creo que se merezca lo que acabamos de hacer….

- Seguramente no, pero no es esa la cuestión. La cuestión es que te iba a encadenar de por vida a ella y a su hijo, un problema que no quieres tener.

- Cierto, pero tampoco tenía que ser tan cabrón…

- No has sido cabrón, has sido listo. Ahora quizá quiera denunciarte por despido improcedente pero ya no está en tu vida. Todo se arregla con dinero.

- Tú tienes hijos ¿verdad?

- Si, era lo siguiente a la boda, y les quiero, pero mira donde estoy, en un bar, contigo. No estoy en casa con mi mujer y mis hijos, nosotros no estamos hechos para la vida familiar, si pudiera volver atrás lo haría. Menos mis hijos, claro, a ellos les quiero….

- ¡Dos vodkas más, por favor!…

- Eso es. Vamos a divertirnos.

A este tipo de amigos deberíamos mandarles al paredón.

Ese abogaducho no estaba protegiendo los intereses de su cliente, estaba aconsejando a su amigo que hiciera lo que él mismo no fue capaz de hacer: hablar con su esposa, sincerarse, divorciarse….

Sus consejos iban encaminados a quitarse su propia espina clavada. Era el típico amigo tóxico. Tendríamos que pararnos unos momentos a pensar cuando alguien nos aconseja, pararnos a escuchar ese mono parlanchín que todos tenemos dentro. Ese mono, muchas veces nos incomoda, pero es probable que nuestra vida se solucionaría mucho mejor si le hiciéramos caso. A ese mono muchos ahora le llamamos "**La Voz de tu Alma**".

CONSUELO Y JORGE:

Habían pasado ya seis años, unas cuantas conversaciones, dos hijos y una recaída de Jorge en el alcohol.

Además todo fue de mal en peor y, en definitiva, Consuelo se quedó libre pero en soledad, los niños sin padre y Jorge enfermo física y mentalmente con denuncias a sus espaldas.

Bien: estamos poniendo sobre la mesa una especie de partido en el que algunos jugadores quizá ganan y otros quizá pierden, pero podemos cambiar el resultado de esta relación para bien. Estamos hablando de confrontar…

Perdón VS Vanidad.

La vanidad se define como una creencia excesiva en las habilidades propias. Es uno de los 7 Pecados Capitales.

El vanidoso suele prestar atención a su imagen pública y le gusta ver como los demás le encuentran agradable, chistoso, interesante, encantador….

Para él es fundamental la opinión positiva de los demás para fortalecer su autoestima y sin embargo a veces tratan de aparentar indiferencia, ya que eso le haría aparecer débil. El Pedante suele utilizar a los demás en su propio beneficio sin interesarse realmente por la persona en cuestión.

Friedrich Nietzsche nos dijo: "*la Vanidad denota una falta de orgullo, pero no necesariamente una falta de originalidad*". Y así mismo Mason Cooley escribió que "la Vanidad bien alimentada es benévola, pero una Vanidad hambrienta es déspota".

Entendemos pues que la Vanidad tiene ciertos rasgos de narcisismo ya que el Pedante tiene la creencia de estar siempre en lo cierto precisamente por su vanidad, por ser quien es.

Cree tener razón en todo no por sus conocimientos reales de las situaciones sino porque se cree mejor que los demás. Con frecuencia defienden y argumentan sus puntos de vista con invenciones, de ahí la "*originalidad*" a la que alude Nietzsche.

Aunque suelen cuidar su imagen pública, el motivo no es cuidarse a sí mismo sino más bien que las personas de su entorno les vean bien, reforzando así su autoestima, la opinión de los demás es más importante. Y lo hacen con naturalidad para esconder su debilidad.

También el Pedante suele ser enfadoso; constantemente provocan discusiones, a veces descomunales, por detalles de poca importancia, normalmente si no se le presta la atención suficiente según él. Al respecto buscará expresarse de una forma un tanto pomposa, teatral. Su único interés es captar la atención de su público, sea en el entorno familiar, laboral o social.

Tienen también cierto grado de psicopatía y, aunque disfrutan de sus amigos, los intentan utilizar en su propio beneficio sin mostrar un interés legítimo por ellos.

Les encantan las redes sociales. Las usan como una plataforma para dar a conocer al mundo su valía ya que en la soledad puede dar rienda suelta a su idealizada autoridad.

Sin embargo en las redes tienen también detractores que les escriben para poner en evidencia su falta de profesionalidad o de valor. El Pedante tiene la opción de bloquear a quien no le parezca que adula su persona y seguir así siendo, virtualmente, la persona fantástica que le gustaría ser.

No usa las Redes para relacionarse sino para venderse, cuando llegas a su perfil es fácil pensar que te has topado con alguien a quien tienes que conocer sí o sí.

El Pedante mide sus logros por la envidia que despierta en los otros, pero olvida que nada en la vida es perpetuo, olvida que pertenece a un mundo mutable y que las personas pueden cambiar su modo de pensar, lo que hoy les parece perfecto puede pasar a ser indeseable con el tiempo.

Jorge, o el nombrado Pedante, utilizaba a Consuelo, o mejor dicho, las piernas preciosas de Consuelo, para cerrar los ojos de los compradores y a la vez cerrar sus ventas. La utilizó en beneficio propio para ahogar sus deseos sexuales. La utilizó en la oficina dejándole a ella llevar las riendas de su negocio.

Pedante se dedicó a beber quedándose para sí mismo el mérito de todos los éxitos de aquella agencia.

A su vez, Consuelo le proporcionó estabilidad en su negocio y en su vida. Y le perdonó todos los abusos.

Ella amaba.

El perdón se define como es una cualidad en que se disculpa a otro una ofensa renunciando a reclamar un castigo.

Cuando alguien nos hiere podemos comportarnos débilmente o como personas fuertes y valientes, como nos recordó Mahatma Gandhi.

Las heridas emocionales nos pueden llevar al rencor y la hostilidad hacia quien nos hiere o hacia las circunstancias que nos han llevado donde no queríamos estar.

Sin embargo parece ser que hoy por hoy los científicos se están poniendo de acuerdo en que hay un antídoto para las heridas emocionales, y este antídoto es el "**Perdón**".

Según el Dr. Frederic Luskin, "*el perdón eleva el estado de ánimo y aumenta el optimismo, mientras que no perdonar está correlacionado con estados de depresión, ansiedad y hostilidad*".

Así como el rencor nos hace sentir ansiosos y tensos pudiendo provocarnos incluso enfermedades coronarias y mentales inhibiendo nuestra claridad mental, al perdonar volvemos a un cierto punto de equilibrio y comprensión que alivia nuestro sufrimiento. De este modo podemos reformular la situación dolorosa y aliviar nuestro dolor.

El DR. Robert Enright nos describe un modelo teórico de estrategias a desarrollar como terapia que nos enfrenta al desafío de perdonar para liberarnos del dolor: reconocer cómo cambiamos a causa de la ofensa hacia un estado de enojo, decidir perdonar, intentar comprender los motivos de quien nos ofende y, por último, liberarnos del dolor mediante la compasión, sabiendo que nuestro agresor quizá haya pasado también por desafíos semejantes.

Aunque las teorías son bastante fáciles de entender, no debemos caer en el engaño de que todo es así de fácil, ya que en la práctica todo resulta más complicado.

Debes tener claro además que perdonar no significa minimizar los hechos, sino que es una manera de liberarte de los sentimientos de frustración y de ira. Puedes incluso elaborar una lista de qué emociones o sentimientos pasaron por tu corazón para así procesar esa información; no para compadecerte de ti mismo sino para liberarte de ellos en la medida de lo posible.

Dejar ir el rencor interno no significa que vayas a olvidar todo de un plumazo, sino que estas creando nuevas posibilidades para encontrar la paz.

Recuerda también que perdonar no es una palabra que digas a quien quiere oírla, el perdón es un sentimiento. Si dices que perdonas pero no "*sientes*" que perdonas no te servirá de nada ni a ti ni a tu agresor. El perdón no ha de ser un acto de autoengaño ni un acto de arrogancia para hacerte valer como un ser admirable reforzando así un ego insano.

En este punto creo recomendable decir que el **Perdón** está basado principalmente en comprender el hecho, sabiendo que la otra persona puede tener unas circunstancias que desconoces, o un punto de vista del cuál careces, algo que no vemos y que podría darnos luz del porqué ha ocurrido lo ocurrido.

En todo caso, perdonar no deja de ser un aprendizaje, una experiencia que nos invita a reflexionar sobre nuestra escala de valores.

Perdonar es amar, es ofrecer cariño a la persona que te ofende sin tenerle miedo. Al ofrecer cariño la otra persona se empieza a tranquilizar y acepta más fácilmente una conversación.

Consuelo veía en Jorge a un niño asustado y herido porque su padre le trataba de estúpido, de blandengue. Creía que Jorge se había convertido en Pedante precisamente como una reacción al trato que recibía de su padre, por esa razón intentaba ayudarle, hablar con él.

Consuelo sabía que Jorge necesitaba de su "*suavidad*" para mejorar su carácter y que sin ella había recaído en la adicción. Esa era razón suficiente para Consuelo, eligió hablar con él, eligió ayudar, eligió **PERDONAR**, en mayúsculas.

Imagina ahora este final distinto:

Consuelo se dirigió a la agencia de Jorge con determinación. Al entrar en su despacho le pidió a la telefonista que no les molestara nadie, como habían entablado amistad ella se lo concedió.

- Hola Jorge, quiero hablar contigo, creo que podemos hacerlo con calma.

- No sé qué haces aquí, ya te dejé más dinero del que te toca, puedes irte.

- Si, gracias, has sido muy generoso, te lo agradezco, pero no es de dinero de lo que quiero hablar.

- Yo no quiero hablar de nada, vete.

- Bien, no te he pedido que hables, solo escucha, y después me iré.

- Que sea rápido.

- Si, mira te comprendo, la naturaleza nos ha gastado una broma y yo creo….

Ella le empezó a dar argumentos por los cuales había tomado la decisión de seguir adelante con el embarazo.

Le abrió su corazón, le dijo que le quería, que comprendía su turbación, que le dolió mucho su reacción y no la justificaba pero la comprendía.

Le dijo que se iría de su vida si él lo deseaba y que no le pediría nada para ella ni para su hijo; sólo quería informarle de que si un día, quizá un día, él quisiera conocer al niño o la niña no se lo iba a impedir, al fin y al cabo era su padre.

Le dijo que le educaría en la suavidad.

Aquella frase rompió el corazón de Pedante, se desmoronó. Se dio cuenta que ese mono parlanchín que habitaba en su interior era muy sabio y que no tenía que haber escuchado a su amigo el abogado ese, que en realidad él amaba a Consuelo aunque nunca pensó tener hijos.

- No estoy aquí para recriminarte nada, solo quería que supieras que eres capaz de amar si te lo propones. Yo sé que eres capaz de amar. No, no te pido volver, solo que te des cuenta que tú tienes esa capacidad en tu corazón.

Y sin nada más que decir se dio la vuelta y se marchó.

¿Qué crees que habría pasado si Consuelo hubiera reaccionado así en su primera separación?

Exacto. Todo habría sido muy distinto.

En resumen:

• La pedantería es un orgullo mal entendido que puede destrozar muchas vidas. Necesitas del reconocimiento de los demás para sentirte importante, todo ocurre fuera de ti, no eres tú quien maneja el rumbo de tu existencia.

- El perdón nos capacita para amar. Nos tranquiliza, nos da opciones de un buen futuro. Asumimos la responsabilidad de afrontar el futuro ya que todo lo que ocurre está en ti, tú tienes las riendas de tu existencia.

Así que...

¿Qué prefieres? ¿Serás un pedante? O bien ¿perdonarás a quien te ofende?

Está más claro que el agua:

EL PERDÓN TE HACE FUERTE.

*"Nada en la tierra consume
a un hombre más
rápidamente que la pasión del
resentimiento."*

Friedrich Nietzsche

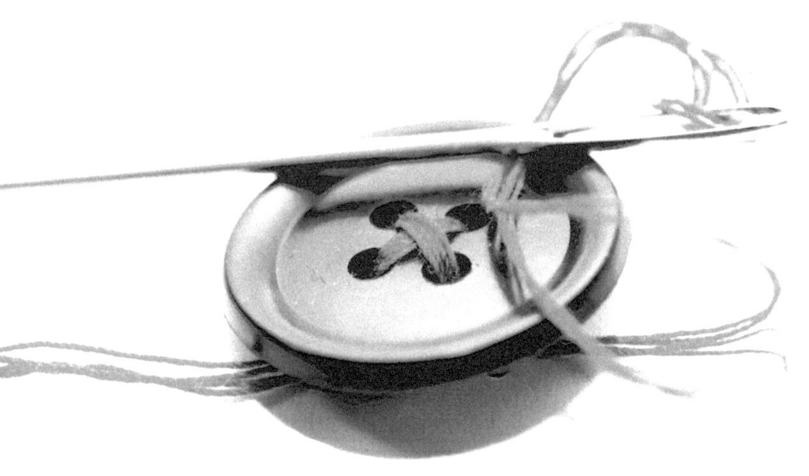

Mayte y Alex
La Entrega - El Rencor

Alex quería morir de pie, era algo que nunca dejaba de experimentar y advertía que sus pensamientos eran como mil caballos salvajes que se paseaban al galope por su cerebro.

Sentada en la cocina, Alejandra pensaba enfurecida en el día anterior, en todo lo que aquel "*abogaburro*" le había dicho. Y pensaba también en su mujer.

Nunca pensó que Mayte fuera tan fuerte...

¿Porque todo se había complicado tanto? Sólo deseaba que fueran una pareja normal…. Y una pareja normal tenía que follar más, ¿no?

Ella era condescendiente, por eso dejaba dormir a Mayte de noche; sabía que llegaba cansada del restaurante y esperaba a los domingos para poder resarcir sus anhelos sexuales. Sin embargo su mujer siempre hacía lo que normalmente hacen todas las mujeres, tener dolor de cabeza.

- ¡Pues que se tome una aspirina! Pensaba para sí.

Sin embargo Mayte pensaba de manera muy distinta. A Mayte no le gustaba follar cada domingo, ella era más "*Walt Disney*", ella prefería "hacer el amor".

Follar estaba bien de vez en cuando. Poner la pasión al límite, sacar el pequeño monstruito a pasear...., pero hacer el amor era más sublime, más reconfortante. No se trataba solamente de alegrar el cuerpo, ella quería involucrar su corazón y su alma en el amor.

Y como suele suceder a muchas parejas, el amor solo existe en los primeros meses de convivencia, después se convierte en "rutina", en expectativas no cumplidas".

El amor acaba siendo "Asintonía".

Era 16 de agosto y ni el calor podría haber fundido el enorme bloque de hielo que se interponía entre aquella pareja. La habitación en penumbra empezaba a iluminarse y las dos se hacían las dormidas, no querían poner en evidencia lo que pasaba entre ellas, eso sería doloroso y forzado, acabaría mal.

MAYTE:

Pero te cuento que Mayte había tomado una decisión. Asustada por las consecuencias que podrían llegar, se levantó con sigilo antes que aquella indeseable mano de Alejandra pudiera mover un dedo para tocarla.

Ese día no. Ya ningún día. Ya no.

Mayte no acostumbraba a reaccionar ante las adversidades como muchas otras personas. Dotada de la virtud de la paciencia ella la llevaba al extremo opuesto lo que la convertía en una débil de carácter.

Su deseo de amor era su mayor defecto ya que la hacía vulnerable y le otorgaba el control de todas las situaciones a la otra persona. Pero ese día había caído la última gota que cabía en el vaso de la decepción y se daba cuenta que la palabra que definía su estado era "*Asco*".

Si, sentía asco. Por aquellas manos que tantas veces habían explorado su cuerpo sin su permiso. Asco por la situación estresante de cada domingo por la mañana. Y **ASCO**, con mayúsculas, por la persona que llevaba ese asco a su vida.

ALEX:

En la radiante mañana del 16 de Agosto alejandra estaba en la cama con los ojos cerrados. No hacía falta abrirlos para saber que tendría que excitar a Mayte si quería satisfacer sus necesidades, era una pesadez que pasara cada domingo la misma historia.

Pero en fin....., si tenía que hacerlo así pues así lo haría.

No hubo tiempo.

Antes de poder mover un dedo Mayte se estaba levantando. Pero… ¿qué está haciendo ahora? ¡Es nuestro momento sexo!

Con un humor de perros salvajes y hambrientos, se decía a sí misma que no, que no podía ser que todo estuviera acabando de aquella manera, otra vez no, nadie más la dejaría, ella no se merecía ser tan infeliz.

Su padre la había tratado como si fuera un animal de circo, alguien con inclinaciones pecaminosas, pero no estaba ni enferma ni loca. En el siglo XXI el anormal era el que pensaba como su padre, llamándola bollera diabólica. Ella tenía otros gustos. ¿Y qué?

¿A quién le importa? ¿A quién le molesta? Pues el problema es de ellos, pensaba.

Oyendo los pasos de Mayte en la cocina se preguntaba si habría llegado el momento de discutir para separarse o si, por fortuna, solamente había sido un mal día de agosto.

Si... sería eso, un mal día de agosto... solo eso...

La habían dejado de lado como a un perro pulgoso, no la perdonaría en tres semanas, se vengaría de aquello, era una injusticia.   .

Si pensaba que se iba a deshacer de ella dándole la espalda estaba muy equivocada. Ella la quería y la pensaba retener.

Al llegar a la cocina se miraron y para su sorpresa Mayte le dijo sonriendo:

- Te he hecho zumito de naranja.

¿Zumito? Por favor…., que ridiculez, pensó Alex.

Pero ninguna de las dos quería enfrentarse a la realidad, así que decidieron no hacer nada sabiendo instintivamente que nunca harían ya nada juntas.

Ese fue el principio del fin.

Ese fue el fin para un nuevo principio.

Si ya has leído los dos libros anteriores ya sabes cuál fue el desenlace de la historia, pero ahora yo, que soy muy optimista, quisiera mostrarte desenlaces alternativos que podrían haber cambiado el rumbo de las cosas.

Querido lector, al llegar aquí sabemos cuáles son las versiones y las razones por las que nuestra heroína y nuestro héroe actuaron como lo hicieron.

—¿Qué pasaría si hubieran hecho cosas diferentes?

ALEX:

Me ha hecho zumito de naranja, mira que bien, pensó Alejandra cuando llegó a la cocina. Aunque lo del zumito es un poco cursi como ella…

- Bueno…, no vamos a discutir ahora, supongo que tienes algo que decirme ya que te has levantado como los gatos.

- Si…, es que esa manera de empezar los domingos no son de mi agrado, la verdad.

- ¿De qué manera? ¿follando?

- Exacto, tú lo has dicho.

- Pero yo espero a los domingos porque llegas tarde y cansada todos los días…

- Precisamente de eso estoy hablando.

Y con el zumito de naranja y unas tostadas Alex escuchó todas las razones del porqué Mayte llegaba tarde y cansada.

Escuchó durante casi cuarenta minutos de los de reloj. Estaba cabreada, se sentía rencorosa, le estaban echando una bronca, otra vez broncas.

Pero una especie de fuerza interna la contenía. Si quería salvar aquella relación quizá, solo quizá, tendría que ponerse al otro lado, saber porqué pensaban tan distinto, llegar a algún tipo de acuerdo pacificador.

Al oír la palabra "*asco*" quiso enfurecerse y darle de tortas a esa Mayte suya hasta en el carnet de identidad.

- ¡Horror! Pensó: ¡he dicho Mayte mía!, ostras joder….

A la mierda el rencor, vamos a escuchar.

MAYTE:

Pensaba que si apaciguaba el rencor que veía en el corazón de Alejandra quizá podrían no acabar arrastradas por los suelos llorando de amargura.

- Con un buen zumito de naranja que tanto le gusta a lo mejor me escucha un rato, pensó Mayte.

Pero Mayte sabía que era una cobarde, que tenía que hacer lo que tanto le costaba hacer, que debía solucionar el problema. La solución de problemas le sacaba de sus casillas, a ella le costaba mucho salir de la bien llamada zona confortable.

- Si quieres te cuento lo que me pasa pero me tendrías que escuchar con paciencia, ya sabes que me cuesta mucho expresar mis sentimientos…

- ¡Claro que lo sé! A ver, suéltalo.

- Te lo diré si te calmas, necesitamos hablar.

- Tú necesitas hablar, yo necesitaba otra cosa…

- Lo sé. Y yo también, pero de otra manera, no soporto hacerlo como si de un trabajo duro se tratara.

- A mí sí que me parece un trabajo duro tener que despertarte cada domingo, nunca te acurrucas a mi lado, siempre me toca hacerlo a mí…

- No es solamente eso, tú no trabajas, yo soy aquí la que se responsabiliza de todo. Y con un solo sueldo no llegamos…

- Pues me has hecho un zumito con lo caras que van las naranjas en verano.

- A eso me refiero precisamente. ¿es que no lo ves? Yo compro naranjas porque te gustan, ¿tú qué haces por mi? A parte de meterme mano los domingos por la mañana…

- ¡Sólo! Los domingos por la mañana, los demás días te dejo dormir…

- Me dejas…, no deberíamos estar de acuerdo? Tú no tienes derecho a dejarme o no dejarme dormir, ¡deberías hacerlo de buen grado! Yo no soy "*algo*" tuyo a quien dejas hacer o dejas dejar de hacer.

- Bueno…, en eso quizá tengas razón…

- ¿De verdad?, oye…, has visto a Alejandra por casualidad? No sé con quién estoy hablando ahora mismo, ella no suele darme la razón

- Venga va, gordita, acabemos de desayunar que te voy a explicar un cuento, uno de final feliz.

- Vale…, vamos.

Bien: estamos poniendo sobre la mesa una especie de partido en el que algunos jugadores quizá ganan y otros quizá pierden, pero podemos cambiar el resultado de esta relación para bien. Estamos hablando de confrontar…

El rencor VS La entrega

EL Rencor se define como "un sentimiento de hostilidad o gran resentimiento hacia una persona a causa de una ofensa o un daño recibidos".

La persona rencorosa no siente el impulso de olvidar o perdonar, al contrario, está esperando el momento de vengarse, por esa razón su vida se vuelve complicada perjudicándose a sí misma viviendo en sufrimiento constante y creyendo que su situación es, por lo bajo, injusta.

Es precisamente esta sensación de injusticia la que le hace pensar que ha sido ella la más generosa, entregando todo de su parte a la persona amada voluntariamente, queriendo condescender y agradar, y sintiendo que la balanza no está equilibrada ya que no ha recibido el mismo trato. En realidad solamente están buscando la aprobación de su pareja y pagando un alto precio por tenerla.

Al no verse recompensada con la misma moneda el sentimiento se vuelve en su contra y aparece el resentimiento y el rencor.

Cuando sientes rencor intentas compensar la situación haciendo sentir mal a tu interlocutor creyendo erróneamente que si lo consigues, tú te sentirás mejor; nada más alejado de la realidad. Quizá la balanza se inclina en contra tuya pero se debe a que buscas la aprobación de los demás y lo pagas con creces.

Tu perspectiva está en la otra persona, le deseas mal por lo injusta que te parece la situación creyendo que te mereces más. Sin embargo deberías centrarte en ti y no perder tiempo y energía en actitudes que solo te llevarán al sufrimiento.

Seguramente tu rencor empezó en factores de tu vida pasada que no se pueden perdonar por el daño que nos causaron. En realidad la búsqueda de venganza no soluciona nada, ni mejoras ni te liberas, sólo conseguirás sentirte mal.

Es importante decidir vivir sin rencor y hacer un examen de conciencia para dilucidar en qué fuiste tú responsable de la situación; dejar el victimismo y ordenar las emociones suele ser el mejor sistema para calmar tus sentimientos adversos.

Meditar y dejar de medir quien ha dado más o quien ha agraviado más, comprendiendo que en ocasiones ocurrirá a la inversa y que lo que has entregado ha sido por propia voluntad y no en función de lo que vas a recibir a cambio, son buenos sistemas para aliviar tu rencor.

También es posible que te toque vivir alguna experiencia injusta, inmerecida según tu criterio, pero deberás aceptar que la vida te puede traer resultados no esperados, recuerda que dar mucho de lo que tu pareja no necesita es parecido a no dar nada a ojos de la persona amada. Imagina que te encanta la montaña y tu pareja es urbanita, prepararle con mucho amor una excursión cada domingo no te va a servir de mucho ¿no crees?

Aprender a pasar página suele ser también una estrategia aceptable para evitar el rencor, pensar en lo ocurrido en el pasado una y otra vez sólo refuerza tu enojo y se cronifica tu sentimiento negativo.

No permitas que el rencor se enquiste en tu corazón para no llegar a la necesidad de venganza, lo cuál te llevará a estancarte y sentirte encarcelado en tu relación lo que te transportará también a socavar tu autoestima.

Y si estás realmente sufriendo un rencor doloroso pues….desahógate, llora, grita, cuéntaselo a alguien que te pueda escuchar o ayudar, escribe una carta a tu ofensor, busca ayuda externa. Es importantísimo vaciar tu interior, busca la mejor manera que te sirva para ello y sigue adelante.

Acepta tu **rencor**.

Aceptar no significa comprender pero asumirlo te ayudará a desprenderte de él. No lo lograrás en diez minutos, seguramente será un trabajo árduo, pero es la mejor decisión que puedes tomar para sanar tu alma.

Y por último debes ser inteligente y buscar qué has aprendido de esta experiencia para no recaer de nuevo en esa sensación destructiva. Quizá aprenderás a no confiar en cualquiera a bote pronto, a no ser tan desconfiado con tus seres amados, a no poner expectativas demasiado elevadas, a ser menos exigente, a no frustrarte con tanta facilidad por no conseguir tus sueños y seguir luchando por ellos, a tener más claridad….

Aprende sobre todo a cuidarte física y mentalmente discerniendo lo real de lo innecesario y recuerda:

Recrearse en el dolor pasado nos paraliza y nos impide avanzar.

La entrega se define como la capacidad de dar a los demás sin esperar nada a cambio. Una persona entregada siempre es sensible a las necesidades y deseos de los otros y procuran ponerse en su lugar.

Si eres entregado te motivará la colaboración y te inspirarán los trabajos de voluntariado ya que te compadeces de las personas vulnerables. Esta actitud gratificante te llevará a ayudar a tus semejantes no sólo en el plano económico sino también en el espiritual.

Otro aspecto a tener en cuenta es que la persona entregada sabe que una mala semilla también puede brotar si la riegas y la cultivas, pero la cosecha por venir no te hará una persona feliz. No se trata por tanto de procurar el bien ajeno a costa del propio sino más bien de ofrecer respaldo a quien lo requiere.

Estas personas se sienten bien entregando, su salud mental mejora, se reduce el estrés y tienen mejores relaciones personales y sociales.

En realidad, la persona entregada tiene sentimientos de amor incondicional. Suele amar sin límites viendo solamente la parte positiva de los seres amados, sin expectativas negativas.

Al principio de una relación todo amor suele ser incondicional por el enamoramiento ya que idealizas a quien amas, lo aceptas todo, no ves defectos, pero a medida que el tiempo pasa empiezas a mirar de manera más objetiva, lo cuál puede ser muy positivo ya que así puedes amar al otro tal y como es en realidad.

Debemos tener en cuenta que cuando hablamos de "***Entrega***" no nos estamos refiriendo solamente a la pareja; la persona dotada de esta cualidad lo refleja en todos los ámbitos de su vida, por decirlo de otra manera, son entregadas por naturaleza.

A tener en cuenta también que este tipo de personas tienen pensamientos verdaderos, es decir, que si les haces preguntas no te van a contestar siempre lo que quieres oír sino lo que realmente piensan; entonces puedes incluso enfadarte con ellas.

Pero no te mentirán ni endulzaran su mensaje para agradarte, sencillamente dirán lo que creen que será más útil para tí en ese momento.

Se muestran tal como son, confiadas, y no se ponen a la defensiva habitualmente porque tienen paciencia casi infinita.

Como en todo, también hay una parte negativa en la "*entrega*" mal entendida No debemos confundir el amor incondicional con la dependencia emocional, no hay que confundir este noble sentimiento con un "*apego*" insano que deteriore los hábitos relacionales.

Debe existir una armonía en la relación y ninguna de las partes debería pensar en conseguir todos sus deseos por el hecho de que su compañero/a se entrega, lo que provocaría resentimiento y desequilibraría la relación.

La "*entrega*" bien entendida incluye también el hecho de pensar que lo mejor que puedes hacer por la persona amada es precisamente dejarla marchar en contra de los deseos propios si eso es lo que ella te pide, lo que prioriza la persona entregada es que seas feliz. Quizá no pueda seguir adelante con esa relación, pero se centrará en recordar los buenos momentos vividos juntos para paliar su dolor.

Si eres una persona entregada te centrarás más en dar que en ver lo que recibes, te orientarás hacia el mundo y desplazarás la atención hacia los demás. Pensarás en lo que tus seres queridos necesitan o desean, lo que es importante para ellos, y mostraras aprecio y generosidad.

¿Qué crees que habría pasado si Alex y Mayte hubieran reaccionado diferente?

Exacto. Todo habría sido muy distinto.

En resumen:

• El Rencor nos vuelve obsesivos amparándonos en una veracidad alternativa que nos lleva al odio y la venganza.

• La Entrega nos capacita para quitarnos las capas duras, ser más comprensivos y fluir.

Así que….

¿Qué prefieres? ¿Serás un rencoroso? O bien ¿te entregarás?

Está más claro que el agua:

LA ENTREGA TE HACE FUERTE.

Se puede detestar a alguien a quien amas precisamente porque no puedes dejar de amarle.

Àngels Bardina

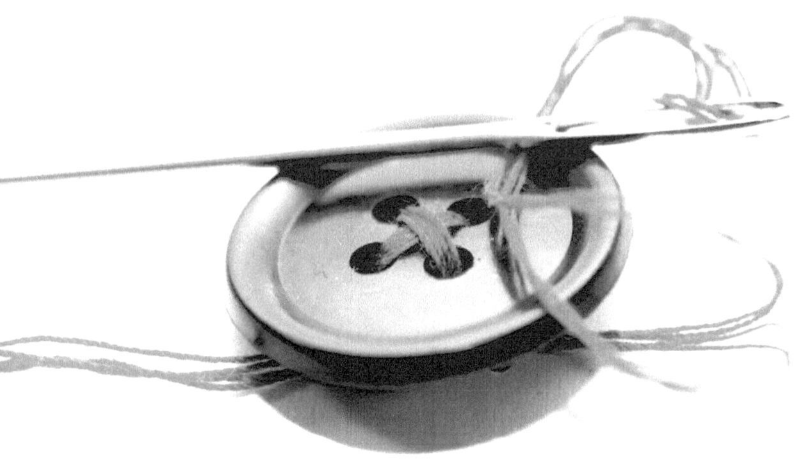

Margarita y Ricardo
Los Celos - El Desamor

Todo lo ocurrido se agolpaba en su cabeza clamando a su cerebro a que se decantara hacia un lado o el otro ¿tan difícil era poder compartir?

Si, era muy difícil para Ricardo poder compaginar las relaciones que mantenía con su hermana y con su esposa. Las quería a las dos, quizá a una más que a la otra, o mejor dicho, a una de forma diferente que a la otra. Quizá se debía más a la otra que a una, o mejor dicho, de forma diferente a la otra que a una.

Esa competición le sacaba de sus casillas.

Había compartido miles de historias con su hermana Margarita, la más cercana a él. Habían reído, jugado y llorado juntos, se apoyaron en sus desgracias, se solidarizaron en las situaciones difíciles, se abrazaron en las tristezas y en las alegrías.

Por otro lado, Alba era la mujer que eligió para compartir su vida, para dormir a su lado, para tener hijos, para ser un equipo ganador.

Todo era tan complicado….

Nunca logró tener éxito en equilibrar aquella balanza, así que se decidió por lo fácil: dar la razón a Margarita como había hecho desde que nació. Si, Margarita tenía razón en todo, a Alba sólo le movían los celos. Y ya se encargaba Margarita de recordárselo.

Consciente de su ventaja en el juego a muerte que mantenía con su cuñada, Margarita iba dejando caer comentarios como gusanos ponen los pescadores de caña en sus anzuelos. Con risita semiescondida hablaba de lo que ella pretendía defectos haciendo ver que todo eran bromitas divertidas. Pero no lo eran. Incluso inconscientemente todo iba dirigido a ganar el partido "*Amor de Ricardo*".

Si estando los tres juntos Margarita se permitía el lujo de ridiculizar a Alba ¿qué no haría cuando ella no estaba?

RICARDO:

La vida le había premiado con una personalidad calmosa y serena que se podía apreciar en su forma de caminar, de reír y hasta de leer el periódico. Era una buena cualidad que le confería un aire algo misterioso y a la vez parecía pedir a gritos que le abrazaras y le dieras todo tu calor.

Y calor era lo que le faltaba cuando se dio cuenta que había llegado a un cruce de caminos: seguir adelante con Alba o seguir con su tranquila vida sin compromisos.

Difícil elección.

Margarita le había dicho que aquella chica era fea y poca cosa, no como su anterior novia Josefa. A su manera, los dos se burlaban de la burguesita con la que salía desde hacía unos meses. Margarita maliciosamente, Ricardo con cariño.

Por otro lado, ya tenía una edad en que la sociedad pensaba que tenías que estar felizmente casado y la opción Alba no estaba mal. De buena familia y de trato agradable era una buena candidata. Y por qué no decirlo, la quería.

Enamorado no, pero quererla si.

Bien, esa vez ganaría el corazón, se casaría con ella.

MARGARITA:

Sabía hacerlo.

No daba señales de celopatía pero se quedaba los celos tan adentro que la corroían. Pero ella no era celosa, lo era Alba. Le encantaba ridiculizar a Alba…

Pensaba que estaba harta de tantas peloteras: con sus hermanas, con su madrastra, con su primo, con su marido, con la socia que tuvo en aquel proyecto de cocina… con casi todos, nadie la comprendía. Solamente una persona en todo el mundo mundial la entendía: su hermano Ricardo.

Hasta ese momento no se había sentido amenazada en tener que compartir a su amado hermano con nadie pero ahora se daba cuenta que eso iba de verdad, Ricardo quería casarse, le robarían parte de su amor y de su presencia.

¡Pero ella no era celosa! y sabía que nunca perdería el cariño de Ricardo, por esa razón creyó que no pasaba nada y que lo normal era que Ricardo se casara y tuviera hijos. Alba no era quien más le gustaba pero en fin, su hermano había decidido. Pensándolo mejor, Alba estaba bastante bien, no destacaba demasiado, era sosita y fea, no sería una gran rival a derribar si hiciera falta.

Aunque no interfería demasiado en la relación de su hermano y su cuñada, Margarita era una experta en hacerlo bien, de manera que no se notara en exceso.

Poco pero intenso, dejando huella, poniendo semillas de hierbajos, sembrando dudas.

Ya hacía años que Ricardo se había casado y aquella pelmaza seguía allí, ¡incluso tenía que aguantarla en el trabajo! ¿Por qué carajo Alba trabajaba también en la tienda de su hermano? Era un control innecesario en su vida, no aguantaba que la vieran haciendo únicamente lo que le gustaba hacer, atender a los clientes y vender, vender, vender… esa era su tarea allí que es lo que una tienda necesita: muchas ventas.

Y Margarita sabía muy bien cómo se controlaba ese control en su favor: vendiendo. A más ventas más dinero en caja y más contento Ricardo, y mejor sueldo para ella. Cuando Ricardo llegaba preguntando cómo había ido la mañana ella se ponía sus medallas. Así que la parte fácil era suya.

Margarita vendía.

Alba limpiaba, ordenaba las cosas y archivaba papeles.

Ricardo se encargaba del dinero.

Era evidente que los dos que mejor se entendían eran los hermanos. Aun siendo muy importante la limpieza y el orden no se tenían en cuenta esos esfuerzos.

Hasta que llegó el día en que Ricardo soltó su frase lapidaria:

Alba, si no estás contenta en la tienda te puedes quedar en casa con los niños.

Pasó tiempo y depresión antes que Alba se diera cuenta que era responsable de buena parte de aquel fracasado matrimonio al dejarse arrastrar al silencio, al anonimato, a la sosería, al dejarse vencer por los celos de una hermana que disfrutaba con su sufrimiento. Al final pasó lo que tenía que pasar cuando alguien no se quiere a sí mismo, que todos dejan de quererle.

Ese fue el principio del fin.

Ese fue el fin para un nuevo principio.

Si ya has leído los dos libros anteriores ya sabes cuál fue el desenlace de la historia, pero ahora yo, que soy muy optimista, quisiera mostrarte desenlaces alternativos que podrían haber cambiado el rumbo de las cosas.

Querido lector, al llegar aquí sabemos cuáles son las versiones y las razones por las que nuestra heroína y nuestro héroe actuaron como lo hicieron.

— ¿Qué pasaría si hubieran hecho cosas diferentes?

MARGARITA:

Era una trágica situación. Margarita se subía al coche de aquella odiosa cuñada que la recogía todos los días cuando iban a trabajar y se sentía asqueada de tener que compartir las mañanas con la persona que impedía una subida en sus emolumentos. Porque Ricardo le habría dado el dinero, quien lo impedía era Alba. ¡Seguro!

- ¿Por qué dices eso?

- ¡Pues porque es cosa tuya! Mi hermano no me da más dinero porque tú estás celosa, te hace caso para que no te enfades….

- No, Margarita, estás equivocada, yo no manejo el dinero ni le digo a mi marido qué puede o no puede hacer…

- Entonces… ¿es Ricardo quien ha decidido?

- Así es. Y no deberías enfadarte tanto con él, hace lo que puede. Y piensa que yo trabajo el doble que tú y no tengo sueldo. Nunca me he quejado.

- Pues no me lo creo, estás celosa….

- Piensa lo que mejor te convenga. Te propongo que cuando llegue Ricardo le preguntes si es o no es cierto lo que te digo.

- Bueno, vale, lo haré.

RICARDO:

Como cada día llegaba a la tienda a la hora de cerrar, quería saber si todo iba bien y si las ventas eran lo que necesitaba que fueran, tenía cosas por pagar.

Alba se le acercó, quería hablar con él para ponerle en antecedentes:

- Mira, tu hermana quiere hablar contigo, me culpa de que no quieras darle más dinero a fín de mes, dice que es por culpa mía. Por favor, explícale que yo no tengo nada que ver. No es bueno para nosotros que no podamos separar las relaciones entre esposos y entre hermanos, todo irá mejor si le hablas claro. Gracias Ricardo.

- Si, ella está un poco sola, no se entiende bien con Paco y se refugia en mí, cree que tienes celos. Le enseñaré las ventas y pagos que tenemos y le pondré al corriente del porqué no podemos gastar de más. Nos vemos en casa.

- ¡Hola Margarita! Ven, tenemos que hablar, ya me ha comentado Alba que necesitas un aumento pero ahora no es posible. ¿podrías esperar unos meses? Hasta que acabemos de pagar el escaparate nuevo…

¿Este tipo de conversación te parece mejor? Si la comunicación entre todos hubiera fluido todo se podría haber arreglado sin enojos, de manera fácil.

Bien: estamos poniendo sobre la mesa una especie de partido en el que algunos jugadores quizá ganan y otros quizá pierden, pero podemos cambiar el resultado de esta relación para bien. Estamos hablando de confrontar…

Los Celos VS El Desamor.

Los Celos se definen como un sentimiento complejo como respuesta emocional al miedo a perder algo o a alguien que asumimos de manera errónea que nos pertenece, sobre todo en las aéreas en que estamos más inseguros. Es una experiencia interna que se vive con dolor.

Reprimir esta emoción nos llevará a un terreno peligroso porque los celos no desaparecen, quedan latentes en nuestro interior, se pueden reforzar y nos producen inseguridad, baja autoestima y apego dependiente. La clave de los celos es el miedo al abandono, a la soledad.

Nunca los celos son una prueba de amor. Lo es la

confianza en la persona y el darle espacio para que pueda autorealizarse con tu apoyo, los celos sabotearán siempre una relación.

A veces los celos pueden ser útiles si los ves como una señal de que una tercera persona está interfiriendo en nuestra relación amorosa, sin embargo será difícil que a través de ellos puedas juzgar la situación de manera racional.

La celopatía provoca que la persona afectada se sienta vulnerable y quiera ejercer una influencia exacerbada sobre la persona objeto de los celos. Revisará sus bolsillos, controlará sus horarios, buscará evidencias de traición y coartará su libertad.

Frecuentemente las personas celosas tienen un perfil de ansiedad que raya el neuroticismo. Se sienten abandonados aunque no sea el caso y pueden pasar del amor al odio con facilidad. Viven en un estado de infelicidad debido a sus miedos y sospechas muchas veces totalmente infundados y les lleva a comportarse como víctimas indefensas con la única intención de manipular a los demás.

La consecuencia devastadora de la personalidad celosa suele ser la sensación de cárcel, la falta de confianza, la pérdida de aquello que tanto se intenta retener.

Muchas personas te dirán: "si tiene celos es precisamente porque te quiere mucho".

Son frases que hemos escuchado o, incluso a veces, dicho. Sin embargo nada más lejos de la verdad.

Los Celos son sentimientos muy complejos que nos llevan a soportar emociones contradictorias pero que son reflejo del miedo y no del amor. Miedo a perder algo o a alguien que la persona celosa puede pensar que es de su pertenencia. Cuando los celos aparecen son una señal que normalmente va acompañada de problemas de inseguridad y autoestima.

No es un sentimiento que se asocie solamente a una pareja, pueden darse también en varias áreas distintas como la familia, hijos, padres, etc., o en el trabajo al creer que otro es más competente que nosotros, más inteligente, más rico, que goza de mayor prestigio o simpatía entre colegas, o parece ser que todo le va mejor.

Tiene vínculos con la envidia cuando el celoso o celosa mira a individuos que gozan de mayores pertenencias, sin embargo es en las relaciones de pareja donde son más evidentes.

En recientes estudios universitarios se recopilaron una serie de resultados en que se dejaba entrever que detrás de una persona celosa casi siempre hay una persona insegura y con dependencia emocional que puede reflejarse en conductas de control y/o agresividad, siendo una de las posibles causas del maltrato de género. La celopatía genera pues infelicidad.

Para quien piense que hay de detener los celos cuando asoman, los psicólogos nos advierten que no es una emoción a suprimir, sino a corregir. Atajarlos o esconderlos no servirá para dejar de sentirlos ya que no desaparecen, siguen ahí latentes, acechando y esperando a salir.

El correctivo para dejar de tenerlos es intentar comprenderlos, gestionarlos de forma adecuada dándonos cuenta que la mayoría de veces son infundados y aparecen como un síntoma de nuestra propia inseguridad y no como una conducta real de nuestra pareja.

Es pues con nosotros mismos con quienes tenemos que tratar la cuestión y no con quien nos acompaña y nos sufre. Hacer comprender al celoso que una de las bases más importantes que sustentan las buenas relaciones es la confianza en tu pareja es pues fundamental. Y aquí entra también el buen hacer y respeto en la comunicación mutua que, si bien tenemos la opción de discrepar, no necesariamente implica mentir.

Los celos enfermizos pueden aparecer cuando pasada la época de enamoramiento surge la angustia de pensar que ya no eres el centro de atención de la persona amada. Este signo se da tanto en relaciones de pareja como familiares, casos en que progenitores sobreprotectores o hermanos muy unidos se distancian cuando uno de los dos establece relaciones con una tercera persona, momento en el cuál tu amado divide — y no siempre de forma igualitaria — su amor, entre su nueva pareja y sus familiares.

Es muy corriente hablar de hermanos mayores, o no mayores, que sienten celos. También de amigos resentidos al entrar en acción una tercera persona; de compañeros de trabajo que se quejan por no haber sido elegidos para un ascenso, personas muy agraciadas físicamente que tienen que aguantar actitudes irrespetuosas, etc.

De hecho es un problema recurrente más habitual de lo que parece y que suele llenar los despachos de los psiquiatras y psicólogos ya que conlleva emociones asociadas como angustia, enojo y en gran parte rivalidad entre las partes implicadas.

La mayoría de las personas son capaces de contextuar estos sentimientos y relativizarlos, aunque a veces pueden generar gran malestar al no ponerlos en control.

Si una tercera persona está interfiriendo en nuestra relación amorosa, los celos constituirán una ventaja al poner en evidencia ciertas dudas razonables que influirán en nuestra correcta toma de decisiones para no caer en el error de equivocarnos con lo que está pasando en realidad.

Teniendo en cuenta que la celopatía es nociva para nuestro bienestar emocional, la persona que la sufre suele llegar a tener trastornos psicológicos como angustia vital, desconfianza en quienes les rodean, sentimientos de abandono, rechazo y desconfianza en los demás, incapacidad para realizar actividades satisfactorias, etc. Se vuelven taciturnos, solitarios y se sumen en la tristeza. Y si no pueden controlar humillan, critican, pueden incluso actuar de forma prepotente y grosera con el fin de desvalorizar a sus seres queridos para llamar la atención.

El Desamor se define como un sentimiento de frustración que se vive cuando se produce el desengaño, el fracaso en las expectativas del enamorado que ha depositado su confianza en la persona que ya no le corresponde.

El desamor trae consigo vacío, añoranza y melancolía.

Cuando aprecias síntomas de desamor tienes un impacto psicológico ya que se pone en evidencia una realidad que no deseas aceptar, es el preludio de la despedida. Se produce una desorientación vital pues intuyes que se acaba un ciclo en tu vida y no sabes cómo deberás afrontar el futuro. Cierto es que a veces piensas que ese futuro puede ser mejor, pero el desamor lleva consigo una incertidumbre agotadora si quieres seguir con la relación.

El final cuando en una relación uno de los dos siente que ya no ama suele ser la ruptura, liberadora para uno y angustiante para el otro, que no tiene otra opción que aceptar, de buen grado o no, que la relación se ha acabado.

La sensación es de vacío y se debe pasar por las fases del duelo que pueden derivar en una depresión en distintos grados posicionándote como víctima si has asociado que tu felicidad depende de la otra persona.

Siempre es mejor no cometer el error de querer ser amigos con tu ex pareja si no se asume la rotura de mutuo acuerdo ya que los sentimientos de cada integrante de la relación suelen ser opuestos, de liberación y de abandono. La distancia es un bien común para todos.

Tampoco es fácil "desenamorarse" ya que habías adquirido un compromiso con la persona de la cual ahora deseas distanciarte. Sabes que estás dañando a alguien que aún te ama y no es ese tu deseo, pero aun así necesitas emprender un nuevo camino. Esta situación produce sentimientos de culpabilidad.

Normalmente no hay un motivo único para el desamor sino que nos vamos dando cuenta poco a poco.

Es un proceso largo que también produce dolor a quien desea dar por finalizada la relación. En este aspecto no es bueno obsesionarse en buscar "*por-qués*" ni pensar en qué fallamos, ni dar falsas esperanzas para evitar mayores amarguras, lo mejor es ser sincero con el mayor tacto y respeto posible por la persona que deseas abandonar.

Por otro lado, cuando eres rechazado desearías dejar de amar a esa persona para poder dejar de sufrir, pero no es nada fácil, el cerebro se obstina en no dejar de pensar en lo que teníais y en hacer balance de ganancias y pérdidas, lo cual lleva a preguntarte a ti mismo en qué has fallado, en donde y cuando erraste, en lo que ganas y pierdes con la separación.

Hay síntomas de que estás en un principio de desamor: la falta de comunicación, el hacer planes por separado, evitar relaciones sexuales, incremento de reproches, recriminar asuntos que ya pasaron, preferir la soledad...

El amor es cosa de dos, de caminar la vida al lado de quien amas. Si te das cuenta que tú o tu pareja está entrando en desamor es mejor finiquitar la relación y aprender a caminar de nuevo superando lo ocurrido sin apegarse al pasado.

No busques culpables en esta situación, no los hay, sencillamente ha ocurrido.

¿Qué crees que habría pasado si Ricardo y Margarita hubieran reaccionado de forma diferente?

Exacto. Todo habría sido muy distinto.

En resumen:

* Los Celos nos vuelven desconfiados y miedosos.

* El Desamor nos hace frustra y deprime.

- EL AMOR es el Valor supremo. Es afecto, bondad, compasión, entrega, altruismo, pasión, ternura, respeto, nobleza, lealtad, indulgencia, misericordia, libertad, compasión, ayuda, progreso.

- El AMOR es un estado sublime del alma, la alegría del corazón. Nos capacita para las cosas más inverosímiles. Nos vuelve héroes.

El AMOR ES DAR

Así que….

¿Qué prefieres? ¿Serás un celoso? ¿Te dejarás caer en el desamor? O bien ¿Amarás?

Está más claro que el agua:

EL AMOR TE HACE FUERTE

Hay gente que, cuanto más haces por ellos, menos hacen por sí mismos

Emma, Jane Austen

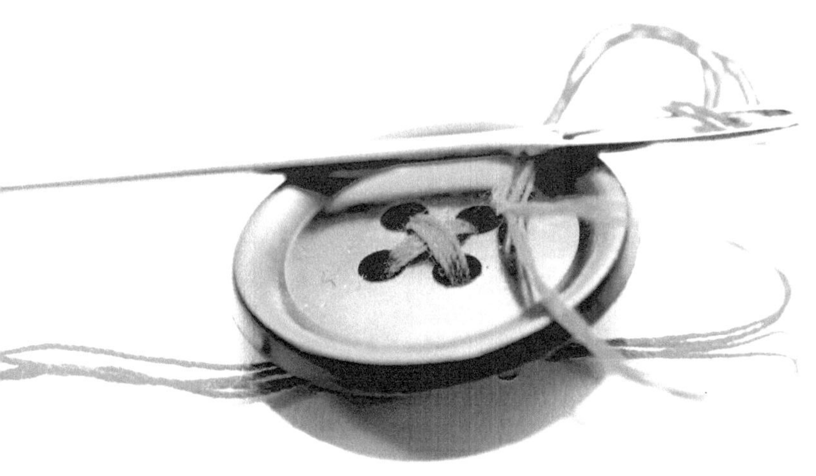

Geraldine y Luis

La Ira - El Desequilibrio Emocional

Estaba sentada en la cama mirando por la ventana como pasaba la gente por la calle. Lloraba. Casi siempre lloraba cuando veía a las parejas de enamorados, a las parejas con hijos, a las parejas de ancianos mirándose a los ojos. La ira estallaba en su corazón al ver a los demás felices en compañía.

Geraldine había estado esa noche con un chico del pueblo que le gustaba mucho y nunca antes se había fijado en su existencia. La noche anterior se encontraron en un Pub y, al tener amigos comunes, acabaron en el mismo grupo. Como casi todos iban ya emparejados quedaron tres "solteros", el guapito, ella y otra chica.

La otra chica no era rival para ella.

Entre cigarros, cervezas y música a la altura de romper los tímpanos se acabaron enrollando. Llegaron a casa de Geraldine sobre las tres de la madrugada y lo pasaron bien. Dos veces. Sobre las doce del mediodía el guapo le dijo que había quedado con sus padres para comer y se marchó con un *"nos vemos princesa"*.

¿A quién trataba de engañar? ¿Nos vemos princesa? Había estado en su cama nueve horas, tocado su cuerpo, dormido a su lado. Y no le pidió el teléfono ni le sugirió volver a verse otro día…, siempre pasaba lo mismo, los muy cabrones…

Así que en ese estado de ira y desolación decidió marcharse a la gran casa familiar a gimotear sus desdichas. Llegó ya al caer la noche. Entró como un vendaval huracanado y dijo que se iba a dormir.

Su padre la esperaba contento porque hacía meses que no la había visto, pero ella no estaba para monsergas.

- Cariño, llegas tarde ¿quieres cenar algo?

- Me voy a dormir.

- No le has dicho nada a Nieves…

- ¿A Nieves? ¿has visto como me mira? Ella no quiere verme por aquí, ¡ya me está poniendo mala cara!

- Yo no he dicho nada, dijo Nieves sin levantar la vista de su labor de ganchillo.

- Vale, pues hablamos mañana. Que duermas bien.

El portazo en el piso inferior se oyó hasta en Camboya.

- Tendrías que ser más simpática con mi hija, ella necesita que la acojan, vive lejos y está sola.

- Ni siquiera me ha dado ocasión….

- Yo también me voy a dormir, espero que mañana seas más amable con mi niña.

GERALDINE:

Se despertó sobre las once de la mañana. Había dormido mal, había soñado mucho, tuvo pesadillas con el guapo que la miraba al marcharse riéndose en su cara por dejarse follar.

En ese estado de frustración pensó que podría llamar a sus amigas, las que hacía tiempo que no veía.

Hizo tres llamadas de las cuales una no contestó y las otras dos le mandaron besos pero no podían quedar, esas dos chicas ya tenían marido e hijos y era domingo, pasarían el día con sus familias.

Asqueada y rabiosa se puso a llorar de nuevo; todo le salía mal, no importaba donde fuera, y encima tendría que soportar a Luis.

Y sufría. En cantidad y en calidad. A tope.

Al secarse las lágrimas decidió que tenía hambre y se fue a la cocina para tomar algo.

- Vaya por Dios, qué hace esta aquí ahora, solo me falta aguantar a Nieves... se dijo en silencio.

Nieves estaba cocinando; ese día había invitados y preparaba lo necesario para la hora del almuerzo. En un momento dado, Geraldine, con un movimiento brusco, se levantó para coger algo y en ese preciso instante también Nieves se movió. Se cruzaron, se chocaron, y ese fue el "*momento Ira*".

LUIS:

Con aquel portazo, Luis, el hermano mayor de Geraldine, se despertó. Hacía ya dos horas se había ido a dormir pues su medicación le daba somnolencia y la transportaba a los brazos de las más altas esferas silenciosas. Se acostaba temprano y cuando llegó Geraldine ya dormía.

Luis quería a su hermana. La quería de verdad, y estaba contenta de poder verla cada vez que volvía a casa. Pero Luis quería a su hermana de la manera que su desequilibrio mental le permitía.

Al verla la avasallaba a preguntas; la agobiaba con querer saber de su vida, eran los celos de ver a una hermana más pequeña ser autosuficiente y verse a sí mismo que no podía tener su vida independiente. Aunque quisiera. Sus voces interiores le decían que sí, pero nunca encontraba el momento, no tenía esa capacidad.

A su vez, Geraldine quería también a Luis, pero al no ver en él una persona saludable le odiaba a la vez que le quería también. Vaya… no era odio lo que sentía por él, la verdad es que temía internamente que aquella dolorosa y alucinada enfermedad se le contagiara de alguna manera.

Geraldine sabía que esas dolencias no se contagian, pero temía ser portadora de de las mismas, así que prefería no estar mucho tiempo a su lado por si acaso. Y se lo quitaba de encima con cara iracunda y malas palabras.

Sobre las doce del mediodía Luis seguía dormitando cuando un gran estallido de voces le sacó de su mundo. Salió a ver y se encontró con una hermana furibunda y una madrastra llorosa que salía de la casa en estado de shock.

Luis no entendía nada. Preocupado por su hermana creía que tenía que defenderla pero no sabía cómo actuar.

Job, el padre, estaba tratando de calmar a Geraldine mientras Nieves se iba de la gran casa sin que nadie le hiciera el más mínimo caso, solamente Jaime, el hermano de Job que esos días estaba allí de visita, intentaba calmarla con un abrazo.

Jaime no era como los demás de la familia. Era ecuánime y calmado, creyó que lo mejor era poner paz entre todos y fue el único consuelo que Nieves tuvo en ese amargo momento.

Ese fue el principio del fin.

Ese fue el fin para un nuevo principio.

Si ya has leído los dos libros anteriores ya sabes cuál fue el desenlace de la historia, pero ahora yo, que soy muy optimista, quisiera mostrarte desenlaces alternativos que podrían haber cambiado el rumbo de las cosas.

Querido lector, al llegar aquí sabemos cuáles son las versiones y las razones por las que nuestra heroína y nuestro héroe actuaron como lo hicieron.

—¿Qué pasaría si hubieran hecho cosas diferentes?

GERALDINE:

No había dormido bien esa noche, había tenido pesadillas y todavía le dolía — y le dolería unos días — el abandono que tuvo en su casa el día anterior por parte del guapo chico que conoció.

Se sentía frustrada y asqueada de ver como su vida pasaba, como los años la atrapaban, y como no había podido conseguir lo que tanto ansiaba: un marido, unos hijos, una vida de cuento de princesa rosa para disfrutar.

Hizo algunas llamadas a sus amigas pero al ser domingo no pudieron quedar. Geraldine lo entendió, si ella tuviera familia habría hecho lo mismo, se podrían ver en lunes, o en martes….

- Será mejor que coma algo, se dijo, ya es casi mediodía y vendrán invitados a comer. Se vistió y fue a la cocina.

Pero antes de subir se dio cuenta que no había sido muy simpática la noche anterior. En realidad su padre y la pesada de Nieves no tenían ninguna culpa de lo que a ella le ocurría, era mejor suavizar la entrada funesta que hizo al llegar.

Buscó a su padre para darle un beso de buenos días lo cual le reportó abrazos y preguntas:

- ¿Estás bien vida? Anoche me dejaste preocupado…

- Si, papa, es que no tuve mucha suerte la noche anterior, creo que me pasé de enamorada con un guapo que solo buscaba rollo.

- ¿Puedo hacer algo al respecto?

- No, gracias. Iré a ver a Nieves, no fui muy agradable tampoco con ella ayer. Además Luis debe estar esperándome, se que se alegra mucho cuando vengo, él sufre por mí.

- Al subir vio a Nieves cocinando. Se puso a desayunar y a su manera, sin pedir disculpas, empezó a comer.

- ¿Te echo una mano?

- Oh, no hace falta, ¿puedo yo echarte una mano a ti?

- ¿A mí?

- Bueno…, si necesitas hablar aquí estoy. Podrías ir a ver a Luis, está inquieto, te encuentra a faltar y necesita que le cuentes cosas, yo cocino.

- ¿Habláis de mí? Dijo Luis apareciendo como un sonámbulo.

- ¡Mira por donde! Ahora venía a verte, tengo cosas que contarte.

- Tengo hambre. Cuéntame….

Bien: estamos poniendo sobre la mesa una especie de partido en el que algunos jugadores quizá ganan y otros quizá pierden, pero podemos cambiar el resultado de esta relación para bien. Estamos hablando de confrontar…

La Ira VS Los desequilibrios mentales.

La Ira se define como un sentimiento o estado emocional que se expresa a través de la rabia, el enojo o la furia. También puede darse como respuesta de ataque o huida si percibimos que una amenaza nos acecha o alguien nos menosprecia.

Esta hostilidad nos perjudica a nosotros mismos y nos empaña la visión de las cosas hasta confundir realidades con lo que se supone que nos amenaza. La persona que vive su vida a través de la ira siempre está de mal humor y se relaciona con los demás de forma agresiva.

Con las explosiones, la persona no sosiega su estado aunque parece que después del estallido alcance una tranquilidad relativa, pero sólo ha soltado tensión acumulada, pronto tendrá sensación de vergüenza, tristeza y culpabilidad. Se sentirá como una víctima de los demás.

El precio que paga la persona iracunda es muy alto ya que repercute negativamente en todas sus relaciones personales. Algunos pensarán que somos abusivos y descontrolados y otros sentirán miedo. Tampoco hay que olvidar los cambios físicos.

Esta emoción suele acompañarnos a todos a lo largo de la vida en las situaciones conflictivas aunque el grado de irritación puede variar de leve al más profundo de los odios. Nos asalta en ocasiones diversas y puede ir dirigida contra otros o incluso contra nosotros mismos.

Momentos de impotencia ante un sueño no alcanzado, sentimiento de injusticia o poco reconocimiento laboral, enfermedades o accidentes no esperados, transgresiones de normas o derechos, situaciones adversas que nos someten a presión, discusiones de pareja o incluso altercados con desconocidos que no atienden nuestras peticiones. Son amplias y diversas las veces que podemos experimentar esta emoción en menor o mayor grado. Y se produce precisamente como un intento de protegernos de algo o alguien que pueda dañarnos.

La Ira es una de las emociones más complejas ya que reaccionamos a ella de formas diversas: en primer lugar nos activamos, o bien para atacar o bien para defendernos. Nuestro cuerpo acelera el ritmo cardiaco y la respiración y los músculos se tensan dispuestos a actuar.

También cada uno de nosotros puede responder heterogéneamente según la interpretación emocional que damos a lo que nos ocurre. Y por último está la respuesta conductual que normalmente se orienta a defendernos de aquello que nos está ocurriendo.

Precisamente es la interpretación la que nos mueve a la acción, siendo ésta en distintos grados, dependiendo de que como procesemos esta información.

Hay que tener en cuenta que la ira podemos enfocarla hacia una "destrucción" de la dificultad que se nos presenta, lo cual puede llevarnos a reacciones de agresividad, o bien podemos pensar en positivo buscando vías de resolución de los problemas.

Lamentablemente, la gestión irracional de esta emoción puede tener consecuencias dramáticas y llevarnos a obtener lo contrario de lo que pretendíamos en un principio.

Es importante poner en valor que la persona iracunda por naturaleza suele transmitir impresiones negativas a los demás, razón por la cual intentará evitarnos siempre que le sea posible, originándonos sensaciones de aislamiento y rechazo que, incluso, pueden empeorar su estado de agresividad.

Quisiera dejar claro que la sociedad confunde a veces a la persona iracunda con alguien dotado de un fuerte temperamento. La Ira suscita temor, no así la autoridad que nos influye admiración y confianza. La persona que sabe lo que quiere lo expone con determinación, pero no será enojosa ni irrespetuosa al comunicar sus intenciones, en cambio el iracundo se comportará de forma agresiva.

Lo dicho anteriormente no significa que no podamos ver el lado positivo de la Ira. Ésta no es un rasgo de la personalidad del individuo, sino un estado emocional, y por lo tanto podemos aprender a manejarla, aprender a utilizarla en nuestro favor.

La Ira también tiene un potencial transformador. Si la sabemos gestionar nos puede impulsar a actuar cuando vemos injusticias, cuando se vulneran derechos o cuando se pone en duda nuestra integridad.

Si la gestionamos bien puede incluso aportarnos beneficios. La Ira es energizante, lo que nos da fuerzas para actuar. Podemos por tanto elegir hacerlo defendiendo nuestros puntos de vista, forzarnos a hacer aquellas tareas que nos resulten difíciles o, por ejemplo, buscar caminos alternativos para solucionar situaciones frustrantes.

Hay una forma sana de mostrar nuestros sentimientos de Ira, se llama Asertividad que es la manera adecuada de expresar nuestro enojo dejando claras nuestras necesidades y como obtenerlas sin perjudicar a los demás. El conocimiento de qué es lo que nos irrita nos ayudará a controlar la emoción. Tenemos que ser capaces de descubrir cuál es mensaje que nos revela nuestra Ira para poder mejorar nuestra vida.

Los desequilibrios mentales se definen como un trastorno del comportamiento en que la persona sufre alteraciones del pensamiento, la percepción, la conducta y las emociones. Esta es la razón de mantener muchas veces discursos sin sentido.

Las funciones cerebrales están alteradas y se pierde el contacto con la realidad. Puede tener una causa genética pero también agravarse por factores externos como el alcohol, las drogas o el estrés traumático.

Las personas se comportan de forma desorganizada y pueden llegar a tener brotes psicóticos que les hagan oír voces o sufrir alucinaciones. Tienen alteradas las capacidades de la toma de decisiones y la de procesar correctamente la información. Lo que dicen puede ser falso pero para ellos es verdad.

Se puede mantener a raya con una medicación adecuada siempre y cuando se tome con constancia y bajo control médico y familiar estricto.

Quienes tienen que vivir con personas aquejadas de desequilibrios mentales han de tener muy presente que el trato ha de ser firme pero dotado de mucha paciencia, ya que, al no ser capaces de comprender, suelen recaer en conductas no adecuadas para sí mismos y para los demás.

¿Qué crees que habría pasado si Geraldine y Luis hubieran reaccionado diferente?

Exacto. Todo habría sido muy distinto.

En resumen:

• La Ira nos encadena a una serie de actitudes que solo nos reportan desgracias y malas relaciones. Nos vuelve malhumorados permanentes, taciturnos y antisociales. La ira es uno de los siete pecados capitales, contra la ira no hay nada mejor que la paciencia.

• Los desequilibrios mentales nos obliga a los cuidadores a mantener una actitud de vigilancia constante. Podemos ayudar a mejorar las vidas de nuestras personas queridas con la virtud de la paciencia.

¿Qué prefieres? ¿Serás un iracundo? O bien ¿te convertirás en una persona paciente?

Está más claro que el agua:

LA PACIENCIA TE HACE FUERTE.

Deberíamos usar el pasado como trampolín y no como sofá.

Harold Macmillan

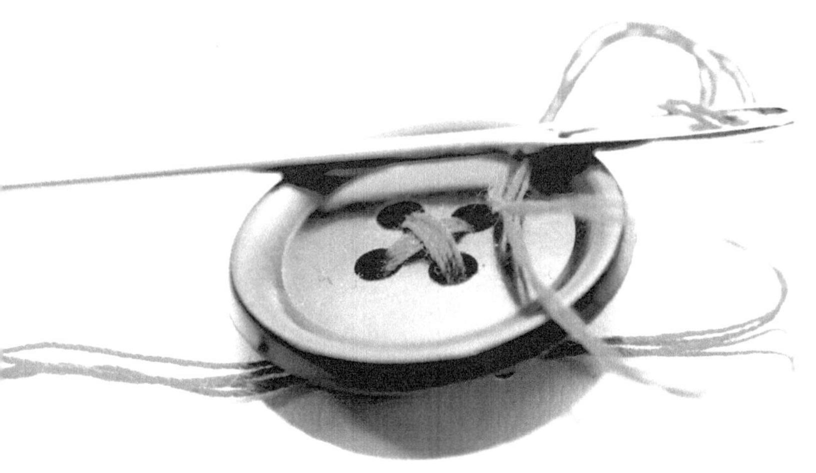

Nieves y Job

El Renacer De La Luz - La Indolencia

Después de diez años de matrimonio todo acabó para esta pareja una mañana de domingo. El sol lucía fuerte y armonioso pero en aquella casa no existía ya la armonía, entre ningún miembro de la unidad familiar.

Y digo bien cuando hablo de unidad familiar porque nunca la relación entre Nieves y Job había sido una familia, los cuatro hijos de Job se encargaron de ir rompiendo el pegamento del amor sustituyéndolo por la animadversión de la ojeriza.

Sin embargo en esa casa siempre se hacía lo que Job decía así que, entre todos, hacían ver que no pasaba nada. De nuevo "*la Indolencia*" en estado magistral.

JOB:

Job podría haber fluido como el agua y adaptarse a sus nuevas circunstancias pero no lo hizo así.

Durante los dos años siguientes a la muerte de Inés era como un autómata que hace lo que tiene grabado en su programa, muy a su pesar. Blandengue como era de carácter, fue buscando novias que aliviaran su vida — y sus noches — cotidiana de trabajo-casa-hijos pues se encontró que ya nadie le ayudaba.

Pienso en realidad que se estaba engañando a sí mismo. Sabéis que no dejaba salir ese lado oscuro que solemos tener, ni siquiera era muy consciente de tenerlo porque no se lo podía permitir. Mejor dicho: sí era consciente que existía pero ahogaba su voz porque San José nunca le permitiría dejarle salir.

Cuidaba de la casa, iba a la compra, se preocupaba por Luis, ese Luis que tantos lloros y problemas le daba, y se hacía el fuerte. El viudo fuerte. "*Pit i Collons*" como se dice en mi país.

Se tenía que hacer. Y se hacía.

También es cierto que por las noches de los viernes salía de parranda con las chavalas que había contactado por las plataformas de citas en Internet. Primero un contacto, después mensajes, siguiendo por darse el teléfono y acabar viéndose en algún bar. Y si para ello había que coger un avión y cruzar el charco pues se cogía un avión y se cruzaba el charco. Todo por una buena novia que sustituyera a Inés.

Bien hasta aquí, pero lo cierto es que no quería a nadie que sustituyera a Inés – nadie nunca podría sustituir a la mujer **ALTA** que era Inés — sino a alguien que hiciera lo que hacía Inés.

Todo ese trabajo anodino que hay en una casa con hijos. Y sobre todo alguien que durmiera a su lado por las noches, alguien a quien dejar dormir después de los arrumacos que él necesitaba a menudo.

Naturalmente nunca encontró a esa mujer. Por mucho que te empeñes nadie puede ser el sustituto de nadie, y por ese motivo iba de novia en novia como hacen las abejas de flor en flor.

Hasta que encontró a Nieves.

Después de pensarlo mucho creyó haber encontrado lo que le hacía falta, pensando en él, una buena chica que se hacía querer, esa era su base para casarse. ¿Chungo no?

NIEVES:

Nieves ya tenía mucho camino recorrido en la vida. Divorciada del príncipe azul de su existencia y recién salida de una segunda relación al lado de un cabrón arrogante, ya no creía en los hombres ni quería nada con los hombres, como muchas otras mujeres de cincuenta y tantos.

Pero también frecuentaba esas plataformas de Internet para encontrar pareja. Quizá no estaba del todo segura de no querer más amor en la vida, pensaba que le tocaba algo bueno después de pagar las facturas anteriores de desamor.

Y pasó. Se encontraron, fueron saliendo, vivieron más o menos juntos y a los cuatro años se casaron.

Unos diez años duró aquel matrimonio que acabó bruscamente una mañana soleada de domingo cuando Geraldine, la hija pequeña de nuestro viudo, perdió los estribos (de nuevo) y mandó a paseo aquella relación.

Ese fue el principio del fin.

Ese fue el fin para un nuevo principio.

Si ya has leído los dos libros anteriores ya sabes cuál fue el desenlace de la historia, pero ahora yo, que soy muy optimista, quisiera mostrarte desenlaces alternativos que podrían haber cambiado el rumbo de las cosas.

Querido lector, al llegar aquí sabemos cuáles son las versiones y las razones por las que nuestra heroína y nuestro héroe actuaron como lo hicieron.

—¿Qué pasaría si hubieran hecho cosas diferentes?

JOB:

Todo fue un gran estallido.

Sobre las once de la mañana estaba Nieves preparando un caldo de pescado que tenía que servir para la paella del mediodía. Y Geraldine estaba también allí, desayunando, tarde como siempre. ¡Y mira que era grande la cocina! Pero se cruzaron sus pasos. Fue entonces cuando esa cría de 34 años naturales y tres o cuatro reales, estalló.

Job estaba en el jardín pero los gritos se oían desde lejos. Preocupado, se presentó en la gran cocina para saber que pasaba y se encontró a su hija en modo histérico total como una niña pequeña, con mocos y llorando. En ese momento ya había pasado el "*momento*" gritos y estaba en el "*momento*" lloros. Apareció la víctima acérrima que llevaba siempre dentro, la que hacía sacaba a pasear para ser compadecida.

Job estaba cabreado por la situación, no le gustaban las sorpresas de ningún tipo si le hacía salir de su estado confortable indolente, pero era consciente que algo había que hacer, pronto llegarían sus invitados.

- Geraldine, mi vida, ¿qué pasa?

- Nada, buaaaa…

- Pero ¿Por qué chillas?

- Por nada, buaaaa…, yo solo quería pasar….

- ¿Dónde está Nieves?

- No lo sé, buaaaa… yo no he hecho nada, papa, pero ella se ha cabreado y se ido, buaaaa….

- Vale, siéntate aquí y tranquilízate, ahora vengo.

Job encontró a Nieves poniendo cuatro cosas en una bolsa para marcharse de allí. Estaba llorando también y en ese momento sentía rabia.

- Nieves ¿qué ha pasado? ¿Dónde vas?

- Tu hija, me ha echado de casa. Y la verdad es que yo ya tampoco aguanto más.

- ¡Pero no os podéis poner así! Sería mejor que nos sentáramos a hablar, los tres…

- Con tu hija no se puede hablar. Yo no he hecho nada, solo pasaba a coger una cuchara, me ha empujado para pasar, así no se puede vivir…

- Hablemos con calma, vamos a poner solución a esto.

- Tú se lo permites todo y ella lo sabe. Saca réditos de sus explosiones y no quiere curarse, yo no quiero seguir siendo su saco de boxeo.

Job cogió por los cuernos la situación como suele decirse. Sentó a su hija y a su esposa en el salón y les permitió hablar, cada una con sus razones. El ambiente empezó a relajarse y todos pudieron explicarse con calma llegando a un acuerdo.

El acuerdo no era seguir adelante con la relación de los esposos pero nadie salió perjudicado, ni dañado.

Todo se puso en su lugar, el lugar en que hacía tiempo debía estar.

NIEVES:

Todo fue un gran estallido.

¡Y mira que era grande la cocina! Pero cuando aquella chica se encolerizaba el espacio natural se llenaba de rayos y centellas en forma de gritos y lágrimas.

- Perdona Geraldine, pasa tu primero.

- Aparta, joder, vete ya de mi casa mi padre y mi familia.

- Tranquila mujer, ya me aparto, pasa.

- ¡Vete! chilló de nuevo Geraldine.

- Bien. Si eso es lo que quieres quizá lo haga, así no podemos seguir, pero antes hablaremos con tu padre.

- ¡Que te largues digo!

- Me voy. Cogeré el bolso.

Nieves bajó a por cuatro cosas, quería irse de allí, estaba más que harta de los gritos y malas caras de Geraldine, Luis y todos en general.

Nieves solía sentirse como una luna, la "*Luna Nieves*", la que da vueltas y vueltas alrededor del planeta

Job, siempre a su alrededor, nunca a su lado.

Cuando Job subió del jardín la encontró llorando conteniendo la rabia. Para explicarme mejor diré que conteniendo el dolor. El dolor que le causaba no haber podido formar esa nueva familia que deseaba, el dolor de sus esfuerzos en vano, el dolor de haber perdido, también ella, los nervios en muchas ocasiones al ver que no era querida allí.

- ¿Qué pasa? ¿te vas? ¿Por qué?

- Estoy harta de gritos, ya no puedo más, será mejor que haga caso a tu hija, me echa y me voy.

- ¡Pero así no! Tendríamos que hablar…

- Cierto, Job, tenemos que hablar, los dos sabemos que esto ya no funciona.

- Cálmate y lo hablamos después, cuando se vayan los invitados.

- ¿Después? ¿Porqué después? Es hora de decirnos la verdad, no hace falta esperar, no aplazemos más las cosas, ¿Por qué no eres sincero conmigo? Tu tampoco me quieres aquí.

- Es que aixxx…, si…., tienes razón…., pero ya veremos que hacemos, esperemos un poco……

- Sé que estas conversaciones te molestan, las postergas porque te incomodan, pero ha llegado el momento.

Bien: estamos poniendo sobre la mesa una especie de partido en el que algunos jugadores quizá ganan y otros quizá pierden, pero podemos cambiar el resultado de esta relación para bien. Estamos hablando de confrontar…

Indolencia VS Renacer de la Luz.

La indolencia se define como flojera, pereza de hacer algo cuando toca, insensibilidad por otra persona al no inquietarse por su dolor. EL Indolente carece de afinidad o de predisposición a resolver determinadas circunstancias.

Un indolente puede ser indiferente ante el sufrimiento de los demás aunque esté diciendo lo contrario. Lo que ocurre es que no lo puede reconocer porque hacerlo le reportaría ponerse incomodo ante las personas a las que está causando el dolor. Esto incluye también ser estoico ante los sufrimientos de una comunidad. El Indolente social siente desazón pensando que no es posible cambiar las circunstancias que le rodean y se resigna sin más, acepta forzosamente los acontecimientos y no actúa, no se solidariza, renuncia a actuar.

Al mismo tiempo se concentran en ellos mismos para no tener que sentir remordimientos. Su existencia está puesta al servicio de obtener sus propios objetivos sin mirar alrededor. No parecen fríos pero actúan con frialdad esgrimiendo excusas, esgrimen que no quieren perjudicar a nadie pero siguen adelante con sus planes.

El Indolente suele tener una vida "normal". Forma una familia y es precisamente en ella donde menos se puede reconocer esta conducta. En la mayoría de casos, el conyugue suele darse cuenta con los años de convivencia, son maestros en esconder esta singularidad, solamente saldrá a la luz en momentos de dificultad ante los que se requiere de una acción inmediata de ayuda por su parte, es ahí precisamente cuando reaccionan de manera pasiva ante la extrañeza de su pareja.

Por desgracia, la Indolencia se está instalando cada vez más en nuestros hogares. Vemos con tanta frecuencia situaciones reales que no tienen una solución denominada "*digna*", vemos tantas reacciones egoístas e injustas a acontecimientos cotidianos, que pensamos que "*ya no se puede hacer nada*", el sentimiento de impotencia es la mayor de las excusas para volverte indolente.

También el ver que alguna dificultad se resuelve, aunque sea de forma inadecuada pero solución al fin, sin necesidad de esforzarse, lleva al indolente a creer que no es necesario hacer nada más al respecto. Solucionado está al fin y al cabo y sin esfuerzo, aunque sea a costa de los demás.

Son casos en que los acontecimientos parecen fluir cuando en realidad todo sigue igual, sin especificar los límites entre lo bueno y lo malo, lo adecuado o lo baladí. Zigmunt Bauman lo describe a la perfección en su libro "*Ceguera moral la pérdida de la sensibilidad en la modernidad líquida*"

Por lo tanto, un indolente es un egoísta por naturaleza. No suele reaccionar ante las calamidades, prefiere esconderse, concentrarse en sí mismo, así no siente remordimientos ante su falta de acción. Es más, puede llegar a culpar a los otros por los sucesos acaecidos.

El indolente pasivo se concentra solamente en conseguir sus objetivos y, aunque no quiera perjudicar a nadie, todo estará bien si se sale con la suya.

El indolente es un rey en el mundo de las excusas que se dice a sí mismo para actuar como lo hace. No siente empatía hacia quien perjudica, por ese motivo es bastante normal que se sientan bien estando solos. Por flojera y pereza les cuesta formar una familia o formar parte de una sociedad en las que tendrían que asumir responsabilidades.

Todos aquellos que han destacado en algún ámbito, sea cual sea, no han sido personas indolentes sino diligentes, perseverantes y esforzadas, personas que se han fijado metas y no han perdido la esperanza, personas entusiastas que actúan y vencen la holgazanería y la procrastinación, además de sensibilizarse con los problemas ajenos.

En un indolente no se puede confiar porque ejercen una influencia negativa y pueden producir un impacto indeseado en tu vida; si te dejas influenciar por ellos obtendrás los peores resultados que te puedas imaginar, aunque ellos no son en realidad muy conscientes de la nefasta influencia que ejercen.

Su actitud es diametralmente opuesta a la bendición de tener una vida plena, rica y saludable. Su vida es monótona y anodina y así quieren seguir con tal de no asumir responsabilidades.

La Responsabilidad se define como la virtud de tomar decisiones de manera consciente, asumir las consecuencias y responder ante las mismas. Estas decisiones son tomadas en libertad y con control de nuestras capacidades.

Elegir ante las circunstancias de manera libre implica asumir que las consecuencias pueden ser positivas o negativas para la persona en cuestión. Implica también cumplir con lo que se espera de nosotros, planificar, esforzarnos y orientar nuestros actos hacia la consecución de nuestros objetivos, los que nos hemos comprometido a llevar a cabo.

En una pareja nuestra responsabilidad y nuestro compromiso es el mejor gesto de amor que podemos ofrecer al ser amado.

Someterse a la voluntad del otro por amor no es amor, si piensas así te estás equivocando. Aunque el otro sea un indolente y no te esté forzando a nada, seguir su juego es una gran equivocación.

Precisamente, el indolente no te forzará a hacer nada, al contrario, te arrastrará a dejar siempre las cosas como están con el fin de no moverse. Creer que no pasa nada en tu relación porque no discutís no es tener una buena relación, es pasar por ella de puntillas. No habrá exagerados problemas, cierto, pero no tendréis una relación plena y feliz.

¡Nunca mendigues amor!

Una buena relación se basa en el afecto mutuo y la confianza respetando y no exigiendo, aunque las exigencias vengan camufladas en forma de indolencia. Siguen siendo exigencias, a no moverse, a no esforzarse, a no avanzar…

Todos somos únicos. Aceptar y amar a tus seres queridos significa no dejar de ser quien eres en realidad, quiere decir "*responsabilizarse*" de tus actos, significa ser tú mismo.

Debes ser responsable de tus actos, es tu obligación brillar con tu propia luz.

Todos los enamorados sueñan con tener una relación feliz, pero no es lo mismo el deseo que el compromiso a hacerse cargo de la persona a quien dices amar, comprometerse, responsabilizarse, entregarse, implicarse con ella.

No es suficiente con las palabras y los gestos, hay que estar comprometidos. Sobre todo en los malos momentos que pasamos todos en nuestras relaciones. Comprometidos no significa que tengamos que acabar siempre bien.

Las relaciones de pareja no son un juego y tenemos que entregar lo que dijimos que íbamos a entregar. Pero si llega el momento en que ya no deseamos hacerlo hay que ser sinceros, a esto se refiere también el compromiso y la responsabilidad.

La coherencia en la responsabilidad es importante, lo contrario sería mentir. No informar al otro que ya no sentimos lo que sentíamos es una grave irresponsabilidad pues de ello no depende solo nuestra vida sino la del otro ser, y la de todos los que están a su alrededor.

¿Qué crees que habría pasado si Job y Nieves hubieran reaccionado diferente?

Exacto. Todo habría sido muy distinto.

En resumen:

• La Indolencia nos vuelve inmóviles, con ella podemos dañar a los demás por omisión. Nos vuelve irresponsables y nos acerca a la soledad.

• La responsabilidad nos capacita para ser libres de comprometernos y de romper nuestros compromisos con los demás, asumiendo las consecuencias. Estas consecuencias pueden ser negativas o positivas, todo depende del color del cristal con que lo mires. Si lo haces en positivo también puedes recuperar tu luz.

Así que…

¿Qué prefieres? ¿Serás un indolente? O bien ¿te responsabilizarás y te comprometerás?

Está más claro que el agua:

LA RESPONSABILIDAD TE HACE FUERTE

*«Es curioso que la vida, cuanto
más vacía, más pesa.»*

León Daudí

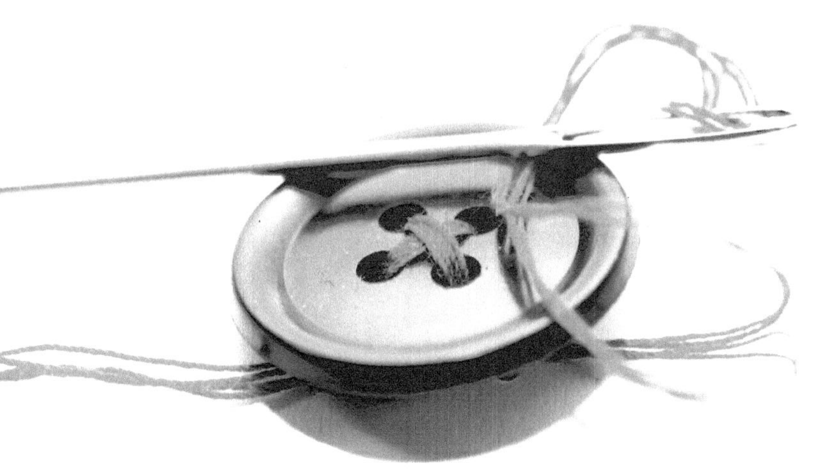

Elisenda y la intolerancia

Sergio y sol - los vacios

Afrontar las dificultades con entusiasmo no era precisamente la mejor virtud de Elisenda.

Esperando la grúa que remolcara su veinteañero coche, estaba pensando en los tiempos pasados y mejores que dejó atrás hacía tiempo, antes de que aquella panda de maestros inútiles y maléficos le hicieran la mayor jugarreta de su vida, la que le dejó sin su sueldo fijo.

El trabajo de subdirectora de colegio no era precisamente lo más deseado en su existencia pero sí lo eran los dos mil trescientos euros que le reportaba cada mes, eso era lo que más le gustaba. Aún no acababa de entender el porqué de aquel motín del profesorado, ella se comportaba con indulgencia y lo hacía todo por su bien, ya le había avisado su abuela materna:

- Nena, de malagraïts l'infern n'és ple.

Y... ¿qué venía ese mecánico a contarle? Las leyes de Newton, muy original, aplicar la teoría de la mecánica a las personas. Como diría también su abuela:

- N'hi ha més fora que dins....

Por si no entiendes el catalán, significa que falta gente en el manicomio.

Sin embargo no tenía más que palabras de agradecimiento para Hugo, el mecánico bonachón que la acogió en su casa dos días para que pudiera descansar de esa familia desestructurada y desastrosa que la habría mortificado si hubiera tenido que volver allí.

Su casa era un agujero vacío de amor.

Por su lado, Sergio seguía tentando su suerte con pequeños hurtos aquí y allá en compañía de unos indeseables amigos que le chuleaban las pocas monedas que llevaba en el bolsillo, monedas que había "*secuestrado*" a escondidas del monedero de su madre. Cuando sonó su teléfono y vio en la pantalla la foto de Elisenda se hizo el loco y lo apagó para no tener que dar explicaciones de lo que estaba haciendo.

Tenía unos cuantos avisos de la policía y muchos más de la mujer que le dio la vida, pero nunca pensó que le llevarían a juicio, era rebelde e irresponsable, pensaba que los avisos y los sermones solo tenían la misión de asustarle y él no se asustaba fácilmente.

No se asustaba fácilmente pero sí se sentía fácilmente vacío en su interior.

Sol, a su vez, no pasaba por su mejor momento. En su interior había un pequeño feto que se desarrollaba y crecía cada día más y más, un embarazo no deseado por su mala cabeza y el poco cuidado de su gentleman que la dejaba de lado cuando la veía aparecer con su nueva barriga.

Su vacío estaba lleno de vida.

Su vida estaba llena de vacío.

Cuando Sol llamó a su madre para darle la noticia no comprendió el porqué de las preguntas:

- ¡Pues claro que el niño es de Cedric, solo tengo un novio!

- Entonces… ¿Por qué está enfadado?

- ¿Bromeas? No entiendes nada como siempre.

- Bueno, tranquila, ya se irá haciendo a la idea, será lo mejor para todos.

- Horror…, no te soporto.

Y esa monada de bebé acabó siendo carne de adopción, dejando a Sol en la mayor oscuridad, sola, vacía….

Ese fue el principio del fin.

Ese fue el fin para un nuevo principio.

Si ya has leído los dos libros anteriores ya sabes cuál fue el desenlace de la historia, pero ahora yo, que soy muy optimista, quisiera mostrarte desenlaces alternativos que podrían haber cambiado el rumbo de las cosas.

Querido lector, al llegar aquí sabemos cuáles son las versiones y las razones por las que nuestra heroína y nuestro héroe actuaron como lo hicieron.

—¿Qué pasaría si hubieran hecho cosas diferentes?

ELISENDA:

Al darse cuenta que el director del instituto no estaba pensó que lo mejor era entrar con buen pie. No conocía a nadie allí pero la habían contratado como subdirectora y eso sería lo que haría, subdirigir. Traducido a palabras llanas, si el director no estaba le tocaba a ella dirigir aquel barco educativo, pesara a quien le pesara.

Cuando entró en la sala de profesores se percató enseguida, allí no era bien recibida.

- Buenos días a todos, soy Elisenda, la nueva sub-directora, ¿Cómo estáis?

De entusiasmo nada de nada. Todos la miraron fríamente pues se dieron cuenta que alguien les pondría a trabajar, con lo bien que iban a su rollo.

- Muy bien, chicos, ya veo que lo vuestro no es precisamente la simpatía. Decidme: ¿qué necesitáis?

- Yo nada.

- Yo ya me arreglo.

- Yo necesito que te largues por dónde has venido, dijo Lorenzo en voz baja.

- Vale, bien, dijo Elisenda, me odiáis sin conocerme, pero no tenemos más remedio que aguantarnos, es lo que Salvador ha dispuesto. Pienso que lo mejor para todos será que nos ayudemos a poner todo en orden para que nadie acabe en la calle. Y recordad, yo soy la que menos números tiene de ser despedida, mejor nos ponemos de acuerdo.

- Es que aquí todo está mal, no hay suficiente material escolar y el que tenemos está muy usado, dijo Bea.

- Es cierto, y solo vienen a limpiar cada dos días, los lavabos apestan… dijo Juana.

- Yo no tengo tizas…. Dijo Lorenzo.

- Necesitamos una estufa en esta sala, da al norte y nos pelamos de frio, aquí cuando sopla la Tramuntana ya sabes….

Escuchó todos argumentos y les pidió un poco de paciencia, a Salvador no le iba a gustar que le pidieran dinero pero ella le convencería.

- Vale, me parecen justas vuestras peticiones pero tendréis que dejarme ir a mi ritmo, a Salvador hay que darle galletas.

- ¿Galletas? Dijeron a coro.

- Galletas, una detrás de otra. si lo pedimos todo a la vez no nos dará nada, tendré que ir despacio, una galleta cada día, una petición cada vez que nos conceda la anterior, sin prisas llega la tortuga a la meta.

- ¡vaya! Una manera muy original de hacer peticiones, si sale bien yo te apoyaré en todo.

Y así, uno tras otro, petición cumplida a petición cumplida fueron pensando que Elisenda era lo mejor que les podía pasar, todo lo hacía por el bien del profesorado.

SERGIO:

Ya habían pasado casi dos años desde que Sergio ingresara en aquella institución donde le "*pondrían a tono*", es decir, le ayudarían a desintoxicarse. Había aceptado la sentencia del juez única y exclusivamente para perder de vista a su madre pero tuvo mucho tiempo para pensar, quizá no había sido del todo un buen hijo.

Al año de la reclusión Sergio pidió llamar a Joana, su abogada. Cuando pudieron hablar le hizo una petición:

- Hola Joana, como vas….

- Yo muy bien ¿y tu? Me ha extrañado tu llamada, ¿tienes algún problema?

- En realidad no, lo peor ha pasado pero quisiera ver a mi madre. Aquí ha sido duro y me he dado cuenta de algo que dice la gente y que yo no creían que pudiera pasarme, te das cuenta de lo que tenías cuando lo pierdes. Yo odiaba a mi madre pero era ella la que me sostenía.

- ¡No puedo creer lo que oigo!

- No digo que lo hiciera bien, al contrario, pero lo hacía, se preocupaba por mi. Cada día dejaba su monedero medio escondido con unas cuantas monedas, las suficientes para no llamar la atención y para que yo pudiera comprar un par de cervezas.

- ¿Lo hacía a propósito?

- Eso creo, nunca escondió bien el monedero, si hubiera querido esconderlo hay montones de rincones en casa para hacerlo, yo lo encontré siempre.

Lo hacía mal, pero lo hacía por mi bien.

SOL:

Cuando Sol recibió la llamada de Sergio se puso a llorar como la niña que era en realidad. Habían pasado dos meses desde la noticia de su embarazo y no tuvo coraje para decírselo a nadie, así que, entre los desplantes de Cedric y la lejanía de su casa, se sentía más vacía que nunca a pesar de pesar (jeje) tres quilos más.

- Cuando se lo diga a mamá no sé qué va a ocurrir…

- Pues que se pondrá como una moto de contenta cuando sepa que la vas a hacer abuela.

- No creo. Cedric no quiere al bebé y no me equivoco si te digo que ya tampoco me quiere a mí, mamá me avisó y no hice caso.

- Chungo hermanita…

- Tendré que dar al bebé en adopción si no se lo lleva la abuela, yo no puedo cuidarlo y mi novio no tiene intención de hacerlo.

- Pues cuanto antes mejor. Ni le mires cuando nazca, que se lo lleven enseguida o será peor para tí si le abrazas.

- Eso he pensado, llamaré ahora a mamá.

Pasaron dos días. Cansada de intentar entender porqué falló el condón descolgó Sol el teléfono para llamar a su madre.

- Mamá, soy yo…, dijo llorando.

- Acabo de llegar de visitar a Sergio, ya me lo ha contado todo, no llores…

- No puedo dar a mi hijo a nadie, pero voy a firmar los papeles mañana, una pareja sin hijos se hace cargo de todos los gastos.

- Tenemos billete de avión para esta noche, no hagas nada hasta que nos veamos. Hablaremos con calma y tu podrás decidir lo que quieres hacer, lo mejor para ti.

Bien: estamos poniendo sobre la mesa una especie de partido en el que algunos jugadores quizá ganan y otros quizá pierden, pero podemos cambiar el resultado de esta relación para bien. Estamos hablando de confrontar…

Los Vacios VS Intolerancia

La intolerancia se define como la falta de habilidad y voluntad de tolerar algo, una serie de comportamientos que pueden ir desde la ignorancia hasta la persecución. Se caracteriza por la rigidez del pensamiento y la perseverancia en mantener la propia opinión.

Aunque está muy emparejada con la intransigencia, hay una diferencia substancial: el intransigente no cede ante nada y es mezquino y miedoso a perder su autoridad. Sin embargo el intolerante, que no es capaz de aceptar las ideas contrarias a las suyas, sí puede llegar a ser cabal con los que están de acuerdo con él.

Suele estar fundamentada en los prejuicios hacia un grupo o un individuo, el cual suele ser considerado como inferior en alguna área determinada o bien en general, cuando se trata de discriminación cultural, étnica o social; la intolerancia está muy ligada a la discriminación.

El intolerante muestra una rigidez mental que le hace resistirse a cambiar sus creencias y su opinión aunque existan argumentos que sustenten que se equivoca. Ello le otorga permiso para erigirse en juez de los fallos o defectos de los demás y hasta de los suyos propios.

Del marco mental de la Intolerancia surgen todas las actitudes del sujeto que la padece en campos sociales, políticos, culturales, económicos y personales, ésta es la causa de su dificultad al relacionarse socialmente de forma correcta.

En grados extremos puede conllevar prejuicios previos basados en realidades distorsionadas por ellos mismos, estereotipos basados en generalidades defectuosas de raciocinio que le avocan al rechazo infundado, la exclusión, y hasta el odio acérrimo.

Podríamos hablar de Intolerancia como una de las formas más comunes de violación de los derechos humanos aunque difícil de reconocer; implica rechazo sistemático hacia personas o grupos que los intolerantes consideran diferentes y/o inferiores, es una falta de respeto a las creencias de otras personas.

Por desgracia, puede llevar a conductas que causen lesiones verbales o incluso físicas.

La persona intolerante no suele aceptar que otro individuo pueda tener razón aunque sus argumentos sean validos. Para el intolerante, él es quien está en lo cierto y por eso mismo cree que los demás estarán mejor si le hacen caso.

El Vacio se define como la sensación de que nos falta algo que no podemos explicar, un vacio interior. Es la sensación de soledad, el sentimiento de que necesitas algo para ser completo, la necesidad de aprobación o de cariño.

Las personas intentan llenar los vacios con tácticas distintas como hacer más ejercicio, comer en exceso, drogarse, buscar relaciones sexuales excesivas o trabajar demasiado, no son más que parches momentáneos que no solucionan el desasosiego.

Un error muy común es esperar que ese vacío lo llene otra persona. Teniendo en cuenta que somos individuos enteros, podemos ser felices sin necesidad de depender de nadie.

El vacio nos regala infelicidad, frustración, desamparo, pérdida de autoestima y puede llevarnos a la depresión.

Lo mejor para combatirlo es dejar de querer agradar a los demás, saber que tu vida ha de ser como a ti te gusta que sea y no como los demás te dicen que debe ser.

Si sientes un *"vacío interior"* sabes perfectamente a que me refiero: un estómago vacío, un nudo en la garganta, un barco sin rumbo, una angustia que permanece en ti día y noche. Es un estado de letargo en el que no te apetece moverte y solamente continúas viviendo en piloto automático, haces lo que se supone que tienes que hacer.

Todos en algún momento nos hemos sentido así. Puede ser un estado general o bien se concreta en alguna área específica de tu vida, normalmente en el área laboral, familiar o de pareja. Es esa voz que oyes constantemente – y que no quieres escuchar — que te dice que debes hacer un cambio, que por ahí no vas bien.

¿Sientes que tus valores no concuerdan con lo que estás haciendo? Aunque no seas muy consciente de tus valores intrínsecos ellos forman parte de ti y constituyen aquellas cosas importantes en tu vida. Si sientes ese "vacío existencial" es muy probable que estés teniendo conductas opuestas a tus prioridades. La honestidad contigo misma por mucho que te duela y un cambio de conducta por mucho que te cueste, acabaran por librarte de este estado emocional tan dañino para ti, traicionar tus valores – incluso por amor — acabará por pasarte a la larga una factura demasiado elevada.

Debes ser íntegro y congruente con lo que sientes y piensas si quieres quitarte de encima este profundo "vacio interior". Por mucho que te cueste sólo así te librarás de él.

Escucha tu corazón, acepta la realidad, conecta con tus valores y actúa en consecuencia, este es el camino.

¿Qué crees que habría pasado si Elisenda, Sergio y Sol hubieran reaccionado diferente?

Exacto. Todo habría sido muy distinto.

En resumen:

•La Intolerancia nos vuelve gruñones y autoritarios.

• El Vacio nos vuelve solitarios y dependientes.

• La tolerancia nos capacita para ser indulgentes y respetuosos.

• Así que….

¿Qué prefieres? ¿Serás un intolerante? ¿Alimentarás tus vacios? O bien ¿serás tolerante y flexible?

Está más claro que el agua:

LA TOLERANCIA TE HACE FUERTE.

*No busqué, en ese amor,
nada más que el amor carnal,
violento y nuevo que me
procuraba.*

*"los recuerdos de un pobre
diablo"*

Octave Mirabeau

Saray y Omar

La dignidad – la adicción al sexo

SARAY:

Cuando Omar le pidió el divorcio, Saray respiró para sus adentros, era la mejor noticia que podía esperar, sus rezos a Alá habían sido escuchados.

Aun convaleciente del parto de su tercera hija —Leila, como su abuela— Saray seguía siendo la esposa sumisa como debía ser, aunque nunca fue sumisa en realidad, solamente se comportaba como era su deber. Y estuvo esperando a que Omar volviera de su enfado durante tres días.

A los tres días del parto su marido volvió borracho y sucio pero para sorpresa de Saray no le pidió sexo, lo que le pidió fue el divorcio.

Saray no podía entenderlo.

Aunque por dentro estaba feliz con la noticia no dejaba de estar también sorprendida. Un sinfín de emociones pasaban por dentro de ese cuerpo ajado de tantos abusos como había recibido. Entonces pensó:

- ¿Dónde está la trampa? Omar nunca deja de pedir sexo…

Y nuestra princesa mora no se equivocaba, allí pasaba algo raro. Pero ella nunca perdía la dignidad, así que preguntó:

- Omar, ¿he hecho algo malo?

- ¡Sí! Tú ya lo sabes, me has estado engañando con otros, eres una adúltera, por eso no quieres nunca acostarte con tu marido.

- Yo nunca te he engañado.

- ¡Todo el mundo lo sabe! ¿crees que la gente no habla?

- Pero… ¿qué dices? Estás borracho, no entiendo por qué dices eso, dijo Saray.

- Todos te ven hablar y reír con el carnicero de la esquina, eres el hazmerreir de la calle, ya me han dicho que te acuestas con él.

- ¡Pero si ese chico tiene 17 años! solo soy simpática con él porque no tiene madre, nada más.

- Con doce yo ya sabía lo que era divertirme con una mujer.

Y Saray se dio cuenta que su marido estaba buscando excusas para repudiarla.

Al día siguiente se dirigió a casa del tío de Omar quien les acogió al llegar a España y le relató lo sucedido. Era un anciano y los ancianos están muy bien considerados, se les debe respeto y siempre suelen dar buenos consejos.

- Faruk, Ud. sabe que yo no mentiría, soy inocente, nunca he dejado de atender a mi marido, ni a los dos días de parir a mis hijos,

- Mi sobrino dice que no le atiendes como una esposa debe hacerlo, que tienes otros hombres.

- Faruk, Ud. sabe que soy una buena esposa, y sabe que es Omar quien anda detrás de otras mujeres, él me desatiende a mi…

- Saray, debes comprender, si Omar lo dice puede repudiarte.

- Me divorciaré de él si así lo pide, no tengo objeción, pero jamás admitiré que soy adúltera, nunca podrá demostrarlo porque no es cierto.

- Es mejor que no le enojes…

- Tendrá el divorcio si quiere pero no por adulterio. Yo soy Saray, tengo nombre de princesa porque soy una mujer digna, será mejor que no me acuse, no estamos en Marruecos.

Al volver a casa se sentía mal, estaba cansada y convaleciente de un parto difícil, pero caminaba con la cabeza muy alta, ella no había pecado, si alguien quería acusarla se lo tendría que decir cara a cara.

Nadie le negó el saludo.

OMAR:

Desde que esa medicucha le dijo a Saray que una mujer embarazada no podía entregarse a su marido si existía alto riesgo de aborto Omar estaba muy irritado. El tenía necesidades y su mujer le tenía que atender, "*así es como debe ser*" se decía a sí mismo. Y a ella. Pero Saray había tomado las riendas de la relación y le tenía amenazado.

Sin embrago Omar había estado rezando a Alá para que le enviara a su tan deseado hijo varón, no como Idris. Quería un varón fuerte y sano como él para que se hiciera cargo de la familia cuando fuera un anciano. Esa era la única razón por la que no forzaba a su esposa.

Pero nació Leila.

Al saber que era una niña empezó a chillar y a tirar todo lo que encontró a su paso. De un portazo desapareció para no volver en tres días.

Sucio y borracho se quedó dormido en el bar donde trabajaba Paula, una camarera joven y lozana que se apiadó de él y se lo llevo a casa para que pudiera dormir la mona y asearse un poco. Los cincuenta años de Omar seguían siendo muy atractivos y Paula era una mujer ardiente, se encontraron en el mejor momento para los dos. ¿Casualidad?

Saciado sexualmente, lo cual era bastante raro, se dirigió a su casa para decirle a la estrecha de su mujer que la abandonaba, que no le había dado su tan esperado varón, ya no le hacía ninguna falta, había encontrado una mujer de verdad que se lo daría.

Pero Omar no era tonto, si la quería repudiar necesitaba una buena razón.

Como no podía ser de otra manera, la única buena razón que se le ocurrió fue el adulterio, lo que él hacía cada día desde años atrás con cualquier mujer que se le pusiera bien – o no – esa fue la única justificación que encontró. La casa estaba siempre limpia, los niños iban bien arreglados, Saray era buena cocinera y se arreglaba con poco dinero, lo único que podía hacer era acusarla de adulterio.

- Faruk, mi anciano y querido tío, tengo que repudiar a mi esposa porque es una adúltera.

- Omar, te acogí en mi casa y te di trabajo. Yo creo que tu esposa es sumisa y buena.

- No, mi querido tío, ella tiene otro hombre, uno más joven, ya no quiere yacer con su marido.

- Omar, te creo, pero no parece que lo que dices sea razonable, Ella no sale de casa sola, va con tus hijos, o contigo, no la he visto con nadie más.

- Porque se esconde querido tío, pero me falta al respeto con la excusa de ponerse enferma, no me atiende.

- Bien, Omar, tú verás, pero ve con cuidado, aquí todo es diferente, no hagas nada de lo que tengas que arrepentirte o nosotros tengamos que avergonzarnos.

- No, querido tío, todo irá bien.

Después de esta conversación con el anciano se dirigió a su casa para repudiar a Saray.

Le pidió el divorcio y la amenazó con contarle a todos que tenía un amante joven, podría ser ese chico de la carnicería, y ella se pondría a llorar y le rogaría que no se fuera. Pero se iría.

Sería fácil convencer a esa mujer suya altanera de que firmara el divorcio. Con sus amenazas y la promesa de un dinero para sus hijos ella lloraría mucho, pero aceptaría firmar.

Omar no podía creer lo que sus ojos veían. Esa mujer suya no lloraba, no rogaba, no se desesperaba, y sobre todo no aceptaba sus amenazas.

Enfurecido por la fuerza de su esposa se fue de nuevo a casa de Paula que le acogió de nuevo pidiendo sexo. Más y más sexo. Agotado, se calmó.

Firmaron el divorcio de mutuo acuerdo gracias

a un abogado que Saray había contratado para sorpresa de su marido. Sin embargo Omar aceptó ese papel para poder quitarse de encima a esa mujer altanera que nunca se rindió a sus deseos.

OMAR Y SARAY:

Con el paso de los meses Saray seguía siendo la misma mujer de dignidad inquebrantable. Tenía poco dinero pues Omar solía olvidar pasarle una pensión digna. Ella casi nunca pedía nada y era capaz de hacer guisos para toda la semana con un pollo y unas hierbas. Su hermana, de vez en cuando, le pasaba algo de dinero o de alimentos los cuales aceptaba por sus hijos, aunque miraba de devolver el favor siempre que le fuera posible.

Había encontrado también un taller de costura en el cual aprendía a coser y ayudaba a su dueña que le enseñaba con gusto al verla tan interesada. También solía darle algo de trabajo que le reportaba un dinero extra que Saray guardaba por lo que pudiera pasar.

Omar a su vez, se acercaba a ver a los niños de vez en cuando. Estaba bastante desconocido pues Paula le asediaba con peticiones algo fuera de lo común. Al principio le gustaban pero ya era muy exagerado y él pasaba de los cincuenta y tenía que tomar Viagra para estar a la altura. Su sueño de sexo a todas horas se estaba convirtiendo en su peor pesadilla.

Aquella mañana sonó el teléfono sobre las siete. Saray pensó que el anciano tío de Omar quizá había sufrido algún percance pero no era por Faruk.

- Buenos días, ¿es Ud. Saray?

- Si, ¿ocurre algo?

- Si, es su marido, ha tenido un infarto.

- ¿Mi marido?

- Si, Omar. Nos ha contado que salía de trabajar y le dolía el pecho, un compañero suyo lo ha traído a urgencias. Nos ha dicho que llamáramos a su esposa y nos ha dado su teléfono. ¿puede venir?

- Iré cuando deje a los niños con mi hermana.

Bien: estamos poniendo sobre la mesa una especie de partido en el que algunos jugadores quizá ganan y otros quizá pierden, pero podemos cambiar el resultado de esta relación para bien. Estamos hablando de confrontar…

Dignidad vs Adicción al sexo

La definición de Dignidad es compleja. La entendemos como una virtud humana que es intrínseca, nadie le otorga dignidad a nadie sino que se tiene o no se tiene.

Está muy emparentada con el honor, la integridad, el orgullo bien entendido y la honradez personal a ser fiel con tus valores y con tus ideales.

Antiguamente, los héroes solían ser trágicos y eran capaces de sacrificarse y hasta de morir "*dignamente*" por salvaguardar su honor. Actualmente solemos pensar en la dignidad como algo vinculado a una forma de ser y de vivir, un concepto que se enlaza más a la propia autonomía, a la identidad propia.

Una persona es digna cuando se valora a sí misma.

Por dignidad se puede llegar a discutir por defender el honor y llevada al extremo incluso se puede llegar a morir por defender los ideales antes de traicionarlos, "*morir dignamente*".

Dignidad implica conceptos como libertad, integridad, plenitud de los derechos humanos y autonomía para escoger tu identidad personal. La persona "*digna*" se valora a sí misma por encima de las necesidades propias y de los demás.

No suplica, no se somete, no realiza actos en contra de sus valores personales ni de su voluntad. Nunca miente, se responsabiliza de sus actos y no falta a los compromisos adquiridos.

La persona digna cree merecer todo el respeto que ella misma ofrece a los otros, sin depender de conceptos como raza, sexo, religión o cualquier otro parámetro de diversidad. Sin embargo también un exceso de dignidad puede llegar a desembocar en orgullo exagerado creando en ella la sensación de gozar de privilegios especiales.

Poseer dignidad nos hace valorar nuestras necesidades por encima de las pretensiones abusivas de los demás, nos hace también cumplir con los compromisos adquiridos y ser íntegros en nuestras acciones.

Por otra parte, la "adicción al sexo" es una enfermedad, un problema psicológico que puede conllevar graves consecuencias relacionales familiares y sociales. En ocasiones, puede llegar a controlar todos los aspectos de tu vida según explicó el Psiquiatra Rory Reid.

El Dr. Walter Ghedin define esta anomalía como

"la presencia de impulsos, fantasías, pensamientos recurrentes de índole sexual que llevan a conductas compulsivas, ocasionando malestar subjetivo y deterioro en las distintas áreas de su vida".

Es pues una mezcla entre placer, ansiedad y sensación de riesgo, un comportamiento irresistible, incontrolable y repetitivo que causa sensación de culpa y vacio interior. Se fundamenta en trastornos emocionales de inseguridad o sentimiento de inferioridad y que puede derivar en conductas agresivas.

Si sospechas que tu pareja puede ser un adicto al sexo debes tener en cuenta estos indicadores del trastorno: conversaciones *"subidas de tono"* constantes, necesidades sexuales demasiado procaces y desmedidas, diálogos sexuales persistentes, curiosidad pornográfica…, incluso insomnio, inestabilidad emocional y pérdida exagerada de concentración laboral, ya que están pensando en *"otra cosa"*.

Muchas veces pueden incluso perder el control con el fin de calmar su ansiedad y su malestar. Y ninguna actividad sexual con su pareja será suficiente, lo que le lleva a coquetear constantemente.

Esta hipersexualidad es una conducta convulsiva que ocasiona trastornos en todos los aspectos de la vida.

Como el sexo suele ser una actividad que sirve para suavizar el estrés, en ocasiones se convierte en una conducta intensa y constante que pasa a ser un deseo incontrolable, lo cual altera las relaciones personales.

Los adictos al sexo refieren que les falta el control cuando sienten el impulso y necesitan satisfacer su deseo de forma urgente. Tienen pensamientos y fantasías de manera recurrente que les lleva a la ansiedad, la tentación, al riesgo y a la sensación de culpabilidad. Deriva en pérdidas de tiempo, gastos excesivos, prostitución, insomnio, falta de empatía entre otras.

En definitiva, una vida desastrosa. Para la persona y para quienes le rodean.

Si ya has leído los dos libros anteriores ya sabes cuál fue el desenlace de la historia, pero ahora yo, que soy muy optimista, quisiera mostrarte desenlaces alternativos que podrían haber cambiado el rumbo de las cosas.

Cuando Saray descolgó el teléfono pensó que le llamaban porque Faruk, había tenido un percance, era anciano, podía pasar en cualquier momento. Pero no fue así.

- Hola, ¿hablo con Saray? es Ud. la esposa de Omar ¿verdad?

- ¿Omar? ¿ha ocurrido algo?

- Si, su marido ha tenido un infarto, un compañero le ha traído y nos ha dado su teléfono ¿podría venir?

- Dejaré a los niños y vendré enseguida.

Saray acudió al hospital los siguientes cinco días y pasaba allí las horas de visita cuidando al padre de sus hijos.

Cuando le dieron el alta se lo llevo a casa y no le dejó entrar en su habitación, le acomodó en la habitación de su hija mayor a la que pidió el favor, con ella ya podía hablar de mujer a mujer.

- Saray, lo siento, suerte que ya estoy en casa.

- Esta es ahora mi casa, no la tuya. Mañana podrías marcharte pero mi doctora me aconseja que te cuide, dice que puedes tomar una medicación para curar esta enfermedad. Te ayudaré a superarla.

- Y ¿qué debería hacer? Me equivoqué al divorciarme de ti.

- Esto lo dices ahora para quedarte aquí.

- Haré lo que me digas, de verdad, he visto la muerte de cerca y no me llevaba al cielo precisamente.

Saray le cuidó y le dijo que las personas son importantes, que no se puede avasallar ni obligar a que nadie haga lo que no quiere hacer por voluntad propia.

Omar accedió a acudir a un grupo de autoayuda y a tomar la medicación adecuada. Con el tiempo, con mucho tiempo, empezó a ver que estaba equivocado, que su amiga Paula era como él, que todo lo bueno en su vida había llegado de la mano de su digna y preciosa princesa mora.

Una noche les llamaron desde la casa de Faruk, estaba moribundo y quería verles antes de partir.

- Omar, sobrimo mio, haz siempre lo que debes hacer, pero sobre todo protege a Saray, sin ella ahora serías tú el muerto que me recibiría en mi muerte.

- Querido tío, no sufras más por mi, estoy superando mi enfermedad. A Saray nunca le faltará mi apoyo, si no fuera por su dignidad yo ahora no sería nadie. La amaré hasta mi muerte.

¿Qué crees que habría pasado si Saray no hubiera reaccionado así?

Exacto. Todo habría sido muy distinto.

- En resumen:

• La adicción al sexo te vuelve inestable y te hace perder las personas importantes de tu vida. Pierdes también el control ya que esta adicción invade todas las areas de tu vida. Te invaden los sentimientos de vergüenza y desesperación.

• La Dignidad en cambio te da libertad, control, perseverancia, rectitud, decencia, integridad, relevancia social, respeto.

Así que…

¿Qué prefieres? ¿Serás un adicto al sexo? O bien ¿dignificarás a quien bien te quiere?

Está más claro que el agua:

LA DIGNIDAD TE HACE FUERTE.

Me gustaría que mis fans tomaran meditación en lugar de drogas.

Ringo Starr

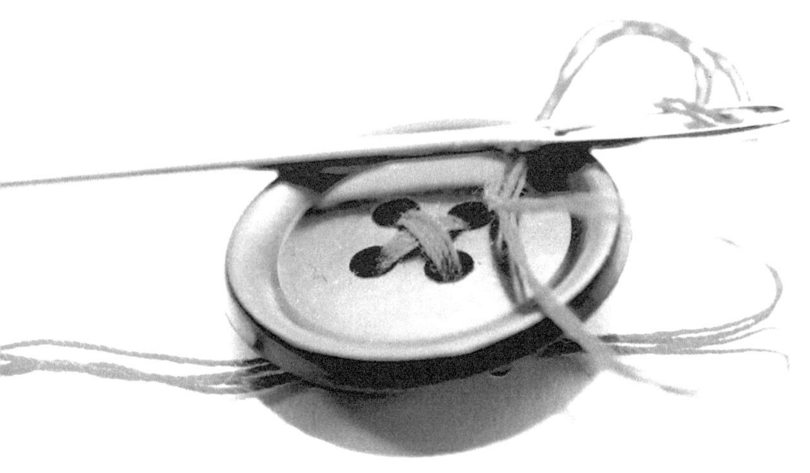

Mª Luz y Kepa
La Fe - La Cocaína

Le daba vueltas y vueltas a la recomendación que su terapeuta le había dado esa mañana. Debía liberarse ya de todos esos sentimientos de abandono, él no había abandonado a su hermana en el cementerio, su hermana había muerto cuando llegó su hora.

- Lo ves muy fácil, le decía en voz baja a su terapeuta,. yo fui el culpable de su muerte, ella iba a mi lado, yo conducía.

Pero no era cierto, su terapeuta tenía razón. El culpable podría ser el destino y hasta los angelitos del cielo que quisieran llevarse a la belleza de ojos aguamarina para jugar por las nubes, pero no era Kepa. Se desprendió una roca de la montaña cuando pasaban, eso era todo.

Ya había pasado tiempo desde que Bibi murió y hacía poco que le dieron el alta, estaba *"limpio de polvos"*.

Kepa quería a sus hijos pero ninguno se parecía a Bibi, su ángel. Cierto que se parecían a él y eran como pequeños Cherokee's andantes, se enorgullecía cuando la gente le veía acompañarles al colegio y se paraban a admirar al trío azabache pero no había ninguna aguamarina.

Sin embargo aquella tarde, al recoger a los niños, el Universo dispuso una gran tormenta, se tenía que guarecer de la lluvia junto a otros muchos padres y allí estaba Vivi. Vivi, si, con V y no con B, pero al nombrarla no se distinguía, la fonética era la misma. Era una señal.

Vivi era una señal, y también la hija de una mujer también rubia como las espigas al sol de la que se enamoró al instante. O eso creyó él. En realidad solamente se enamoró de todas las casualidades que tenían lugar al mismo tiempo, unas casualidades que no existen, pues las cosas ocurren por "*Causalidad*".

Amigo, el cherokee dejó a su esposa, a sus hijos y a todo lo que le rodeaba en aquel entonces para marchar por el mismo camino que transitaba la madre de Vivi.

Tres meses duró la aventura. Al final ella se cansó, se buscó otro amor y Kepa quedó "*limpio de polvos*" en todos los sentidos. Sin Mª Luz, sin hijos, sin Vivi….

Quedó solo con su soberbia.

Mª Luz tampoco andaba muy bien que digamos. Ya sabes que de nuevo somatizó el abandono en un cáncer de mama. Pero ella tenía razones de peso y obligación de vivir, cuatro poderosas razones, sus hijos.

Aunque sus fuerzas no eran las de antes, se esforzó en todo y siguió todas las recomendaciones médicas con Fe en su curación, ¿a quién dejaría el cuidado de sus hijos sino? Kepa había desaparecido de la noche a la mañana y sus fuerzas ya no la dejaban limpiar en casas ajenas.

A pesar de todo se inventó unos ingresos escuálidos en forma de tarta que vendía por el pueblo, enteras o en porciones, a 2, 3 o 6 euros, según veía como iba vestido su cliente. Era todo cuanto podía hacer.

Nunca se dejó caer, la Fe le acompañaba.

Todavía hoy recuerdo sus andares por el paseo marítimo, arriba y abajo, tarta va tarta viene. Siempre sonriente.

Ese fue el principio del fin.

Ese fue el fin para un nuevo principio.

Si ya has leído los dos libros anteriores ya sabes cuál fue el desenlace de la historia, pero ahora yo, que soy muy optimista, quisiera mostrarte desenlaces alternativos que podrían haber cambiado el rumbo de las cosas.

Querido lector, al llegar aquí sabemos cuáles son las versiones y las razones por las que nuestra heroína y nuestro héroe actuaron como lo hicieron.

—¿Qué pasaría si hubieran hecho cosas diferentes?

KEPA:

Esa mirada cristalina le pedía guerra.

Allí debajo del porche del colegio, a salvo de la gran tormenta, una mamá rubia le sonreía. Era una mezcla entre Frozen y Maléfica, rubia y picarona.

La mamá rubia veía ese cuerpo bien formado un poco ajado por el descuido pero seguía siendo muy atractivo, quizá lo pasaría bien con él una temporada, al fin y al cabo era soltera y no ofendía ni debía lealtad a nadie.

Tampoco le quitaba el marido a nadie pues pensaba que los hombres no pertenecen a sus mujeres. Si un hombre se abalanzaba sobre ella era libremente, allá esa mujer si no sabía atender a su hombre en condiciones.

Kepa no decidió engañar a Mª Luz, lo que Kepa hizo fue ir detrás de la niña, no de su madre.

Pensando que por fin las fuerzas telúricas le obsequiaban con hacer realidad sus deseos, fue detrás de esa mamá para poder tener a esa niña de ojos aguamarina a su lado. Se parecía tanto a su Bibi…

Pero no. La mamá de la niña se cansó y Vivi le dijo adiós con su manita y sin ninguna muestra de tristeza, estaba acostumbrada a dejar pasar "papaítos" cada dos por tres.

Mª LUZ:

Preciosa y feliz salió del baño aquella noche para ir a cenar con el padre recuperado de sus dos hijos pequeños.

Le había costado un esfuerzo extra pues el dinero no era lo más abundante en su vida pero la ocasión lo requería. Vestido nuevo, zapatos prestados, peluquería casera. Sabía maquillarse y la belleza exótica relucía en su cara.

- ¿Qué me estás diciendo?

- Lo siento Mª Luz, me he enamorado como un chiquillo, no ha sido a propósito….

- Eso lo creo. Pero no pienso quedarme mirando por el balcón como te largas. Tienes dos hijos y una mujer que ha trabajado más horas que tiene un reloj para que te pusieras bien y ahora tu me cuidarás a mí y a mis hijos.

- No, Mª Luz, me voy mañana mismo.

- Bien, pues vamos, salgamos del restaurante.

- ¡Estamos a medio cenar!

- Pues haber comido más deprisa. Vamos.

Al salir fueron andando paseo arriba. Al llegar delante de la oficina bancaria Mª Luz le pidió que esperara, necesitaba sacar dinero. Llamó también al timbre del segundo piso.

- Ahora vengo, le prometí a mi amiga que le enseñaría lo guapa que voy, enseguida bajo.

Cuando llegaron a casa Mª Luz sacó una maleta del armario y la empezó a llenar con ropa de él.

- ¿Qué haces? ¡Ya haré la maleta mañana!

- No, mi amor, no dormirás aquí hoy. Te largas ahora mismo.

- ¡Pero hoy no puedo, hay invitados en casa de Vivi, hemos quedado mañana!

- Me la rempamflimfa. Es decir, me da lo mismo. Si quieres irte que sea hoy mismo, ya te arreglarás.

- Pero ya es de noche…

- Dentro de diez horas saldrá el sol. Por cierto, en el banco no hay dinero, he sacado todo lo que he podido y el resto lo he transferido a la cuenta de Olga, si necesitas un hotel le pides dinero a la mamá de Vivi. ¡Fuera!

- No estás hablando en serio….

- Ya lo creo. Fuera.

Pero ¿qué estaba pasando? Kepa no se lo podía creer, ¿Quién era esa mujer? Nunca Mª Luz había actuado así, él era Cherokke el fantástico, ninguna mujer le trataba así…

En el rellano de la casa, ya fuera del piso, cerraba la puerta Mª Luz cuando le dijo:

Yo he tenido Fe en ti y en tu curación, ahora tengo fe en mí, no volveré a enfermar.

Bien: estamos poniendo sobre la mesa una especie de partido en el que algunos jugadores quizá ganan y otros quizá pierden, pero podemos cambiar el resultado de esta relación para bien. Estamos hablando de confrontar…

La Fe VS La Soberbia.

La Fe se define como la confianza en algo o alguien aunque no se tengan evidencias fehacientes de ello. En el Nuevo Testamento se define como "la *plena certeza de las realidades que no se ven*" (Heb 11, 1).

También podemos decir que tiene que ver con la lealtad y que no está reñida con la libertad personal, el individuo elige creer libremente. O no. Podemos afirmar que con perseverancia, podemos llegar a obtener lo que deseamos y avanzar en la vida.

Por Fe establecemos relaciones interpersonales y la aplicamos en las cosas más básicas, como por ejemplo, creernos que la persona a la que acabamos de conocer y nos dice su nombre nos está diciendo la verdad.

Gracias a la Fe podemos tener confianza en los demás, también en que los hechos que deseamos ocurrirán, por esta razón actuamos de una manera determinada que nos lleve a conseguir nuestros objetivos.

Si hablamos de "*buena fe*" excluimos la malicia y no nos ponemos a la defensiva, sin embargo la "*mala fe*" es una actuación maliciosa que puede lesionar derechos ajenos.

LA Fe es creencia, confianza, aquiescencia, consentimiento.

Una persona que tenga FE en tí no necesitará evidencias de que estás diciendo la verdad, creerá en lo que la palabra misma significa ya que proviene del latín "*fides*", lealtad, fidelidad.

La **FE** con mayúsculas es una Virtud Teologal, junto con la Esperanza y la Caridad, pero hoy no vamos a centrarnos en el cristianismo, sino en lo que significa tener *Fe* en sentido personal.

Para comprender mejor esta diferencia, ponemos sobre la mesa que la Fe no es creer. Creer implica una creencia, es decir, aceptar un hecho como verdadero ya que se basa en razones demostrables. Sin embargo, la **FE** no necesita ninguna demostración, se cree por convicción aunque no haya pruebas que lo confirmen, solamente necesitamos tener buenas y válidas razones para creer que lo que nos dicen es cierto.

Naturalmente, por muy confiados que seamos, no vamos a creer todo lo que nos dicen. Imagina que un amigo te dice que tu perrita ha dado a luz un pájaro ¿le creerías aunque confías plenamente en él? Ciertamente no. ¿Por qué? Pues porque no podemos creer en nada que vaya contra las leyes biológicas.

Aunque también aquí disponemos de excepciones, por ejemplo, hay quien asegura haber visto un fantasma, o un OVNI, y hay personas dispuestas a creerlo; hoy en día aun no se ha demostrado pero... ¿Quién sabe?

En definitiva y con todo lo expuesto hasta ahora, podemos llegar a la conclusión de que la **FE** es lo opuesto a la creencia, ya que la segunda necesita evidencias y la primera no. Deducimos por tanto que **FE y RAZÓN** son tan semejantes como el agua y el aceite.

Aunque el valor de la **FE** es nulo desde el punto de vista racional, llamémosle *Mente*, ocurre exactamente lo contrario desde lo que denominamos *"Alma"*. El Alma sabe y, de hecho, muchas de las cosas que nos ocurren damos por cierto que no habrían pasado si no hubiéramos tenido **FE**.

En cuantas ocasiones hemos oído decir a los médicos ¿*"se ha curado porque tenía ganas de vivir"*? y las teorías cuánticas afirman que podemos cambiar nuestra realidad si lo deseamos fervientemente y tomamos las acciones apropiadas, podéis recurrir al estudio del *"efecto observador"*.

Se dice a menudo que la **Fe** *"mueve montañas"*, se utiliza para expresar que quien quiere conseguir una meta que parece imposible a priori, puede llegar a alcanzarla si se dirige hacia ella sin que las dudas le detengan.

La Soberbia se define como el sentimiento de sobrevaloración de uno mismo.

La persona soberbia presume de tener valores o cualidades que superan las de los demás llegando a menospreciar las de otras personas que le rodean. La persona soberbia de enorgullece y se envanece de sí misma.

Las personas soberbias tienen su imagen personal muy idealizada y una necesidad irracional de mantenerla, lo cual justifica unas creencias equivocadas respecto a la realidad.

Nunca se entristecen por la carencia ajena, en cambio sí lo hacen por la escasez del bien propio.

La persona soberbia satisface su vanidad cuando se siente el preferido por todos. Se vanagloria de sus posesiones materiales y de sus –según ella — bienes espirituales, con el fin de ser admirado y envidiado por los demás. Presume de sus cualidades y menosprecia las ajenas de forma arrogante.

Muchos de los episodios de malhumor en la convivencia familiar provienen de un orgullo mal entendido individual que se ha transformado en soberbia.

Estás ante una persona soberbia en los siguientes casos: la persona habla casi todo el tiempo nombrándose a sí misma y habla de sus logros alcanzados. Se complace cuando un "*adversario*" fracasa, necesita halagos de forma enfermiza, es incapaz de pedir disculpas cuando se equivoca o hiere, no acepta críticas, no reconoce errores, se muestran paternalista y sobre todo ejerce el control en cualquier situación en la que se encuentra.

Su objetivo principal es alimentar su EGO ya que suelen esconder su baja autoestima enmascarándola con su actitud arrogante y narcisista.

Precisamente esta variante narcisista les hace estar pendientes se su imagen pública. Aunque cuidan en demasía esta faceta suya, se muestran como indiferentes al respecto pues saben muy bien que la espontaneidad y la naturalidad son valores positivos en nuestra sociedad.

Según Santo Tomás de Aquino, la persona soberbia siente un amor desordenado hacia sí mismo. Lo describe como alguien que no se reconoce como es sino como desea ser y cómo es adecuado ser, una persona excelente de gran calidad humana que en realidad no existe, "*un ciego mental que siempre anda maquinando como acrecentar el propio prestigio*".

En definitiva, las personas autoritarias y rebeldes en demasía son personas soberbias; no tienen demasiada dignidad y no aceptan sus errores. Disfrutan del fracaso de sus adversarios, no aceptan críticas y no son capaces de pedir perdón.

¿Qué crees que habría pasado si Mª Luz y Kepa hubieran reaccionado diferente?

Exacto. Todo habría sido muy distinto.

En resumen:

- La Soberbia nos vuelve irresponsables yególatras.

- La Fe nos capacita para amar y avanzar.

Así que….

¿Qué prefieres? ¿Serás un soberbio? O bien ¿creerás y tendrás Fe?

Está más claro que el agua:

LA FE TE HACE FUERTE.

Aunque toda sociedad está basada en la intransigencia, todo progreso estriba en la tolerancia.

Georges Bernard Shaw

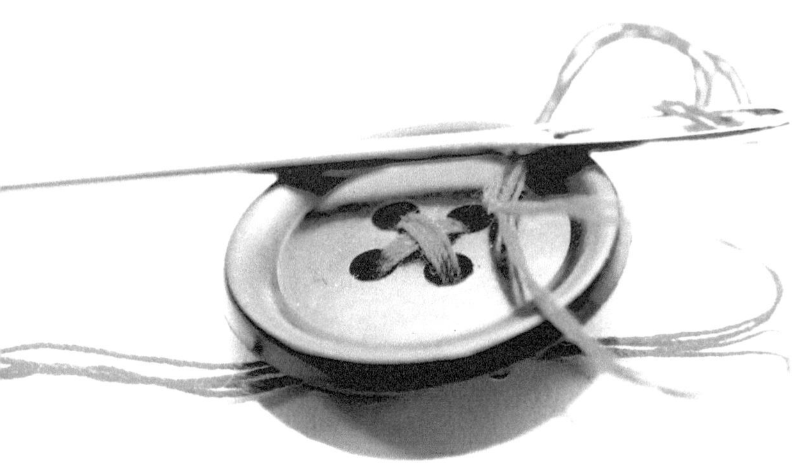

Amelia y federico

La intransigencia vs la caridad

Hay momentos en la vida en que tienes que elegir. O das un salto hacia adelante o lo das hacia atrás. En esa tesitura se encontraba Federico cuando despertó en aquella sala penumbrosa de la Unidad de rehabilitación de adicciones.

A su lado una mujer con una especie de hábito llamada Rosalía. O al menos así la llamaban todos. Su cara le era familiar pero no sabía donde la había conocido.

- Buenos días Federico ¿qué tal estás hoy? Has dormido dieciocho horas.

- ¿Qué día es? ¿Dónde estoy? Me voy a levantar…

- No, todavía no, estas muy débil, ya te levantaras poco a poco cuando venga Mateo.

- No conozco a ningún Mateo….

- Le conocerás dentro de poco y te ayudará a levantarte y a ir al baño, por si quieres ducharte.

- Pero…. A tí sí te conozco de algo….

- Lo sé. Luego hablamos.

Y Rosalía se fue por la puerta del fondo mientras él la miraba andar. Esa manera de andar…., sabía que la conocía pero no atinaba a recordar de qué.

Rosalía llegó a una habitación soleada llena de juguetes y muebles del Ikea en miniatura, era la sala de los niños. Dentro de un parque infantil, un bebé de ocho meses de carita sonrosada le sonreía desde lejos, era David. Contenta al verle se le acercó para acariciarle y jugar un rato con él.

- Cielo, hoy tendrás una sorpresa, tu papi está aquí, cuando se ponga mejor le hablaré de ti y podrás conocerle.

- Gracias Maria, le dijo a la enfermera que cuidaba a los niños, después vuelvo.

Acomodado entre dos almohadas Federico se incorporaba poco a poco saliendo del letargo. Había intentado levantarse pero casi se cae, así que hizo caso al enfermero y se volvió a acostar esperando a ese tal Mateo que tenía que ir a verle. Se decía a sí mismo que después de ducharse se vestiría y se iría de allí.

- Debo haber caído al bailar...., no, no.... Estaba discutiendo con el ambiguo del traje gris, ¿Quién era? Ah! Creo que ... ¿era mi jefe? Si, creo que si.... ¿qué hago aquí? Necesito una de mis dosis mágicas, con eso lo arreglo todo y me voy.... Llamaré a Amelia, ella me lo traerá.... **¡AMELIA**!

Fue en ese momento cuando supo quien era esa mujer del hábito gris, era Amelia, su querida Amelia a la que nunca debió dejar marchar.

Se incorporó de repente chillando:

Amelia, Amelia, sé que estás aquí, ¡TE NECESITO!

Sentada en ese banco Amelia recordaba lo que ocurrió tiempo atrás. Había decidido que era mejor no volver a casa pues lo último que quería escuchar era un sermón de su madre. Y había decidido bien.

Al rato de pasar por su lado aquel hombre regordete y afeminado al que le negó todo, el lorito del Brasil que estaba dentro de su cabeza ya le estaba aconsejando hacer caso de aquel "*niño Jesús*" gigante, le daba muy buen rollo. Se metió su tarjeta en el bolsillo y se tomó el zumo que le había regalado.

Se preguntó a sí misma como era posible que ese tímido y pulcro cuarentón se hubiera dado cuenta de su embarazo si todavía no se le notaba la barriga.

   - ¿Su bisabuela ha dicho? Se dijo a sí misma. ¡qué fuerte! Dice que su bisabuela le manda información desde el cielo, ¡está como una cabra! Pero adivinó…

Sacando la tarjeta del bolsillo la miró estupefacta. No era un loco gordinflón, era un gordinflón que trabajaba en la Unidad de rehabilitación de adicciones. Ufff…. Quizá Dios sí existe al fin y al cabo…

   - Conozco el Hospital General, allí solo trabajan buenos profesionales, quizá su bisabuela fue una socia fundadora, jajaja.

Esa misma tarde apareció por el Hospital y le buscó. Ella sabía moverse por los hospitales, era lo que mejor hacía antes de querer triunfar donde no debía. Se tendría que haber quedado en su hospital y seguir atendiendo a pobres desgraciados, ahora no sería una yonki embarazada.

Le sonrió de lejos y se saludaron como viejos conocidos.

Todo lo que Mateo le dijo que tenía que hacer es

lo que hizo nuestra heroína venida a menos. No sabía porque ese hombretón afeminado le caía tan bien, quizá fuera porque necesitaba confiar en alguien, apoyarse en alguien, dejarse llevar por un ángel, o por una bisabuela, fluir….

Ese fue el principio del fin.

Ese fue el fin para un nuevo principio.

Si ya has leído los dos libros anteriores ya sabes cuál fue el desenlace de la historia, pero ahora yo, que soy muy optimista, quisiera mostrarte desenlaces alternativos que podrían haber cambiado el rumbo de las cosas.

Querido lector, al llegar aquí sabemos cuáles son las versiones y las razones por las que nuestra heroína y nuestro héroe actuaron como lo hicieron.

—¿Qué pasaría si hubieran hecho cosas diferentes?

FEDERICO:

Convocó una reunión el mismo día que empezó a trabajar en la Escuela de Danza. Quería conocer al elenco de artistas, sabía que podría hacer de aquellos bailarines un grupo de excelencia, sabía cómo hacerlo. Cuando les vio encima del escenario mal sentados y riéndose los unos de los otros se dio cuenta que no eran bailarines sino una tropa de primerizos engreídos que no harían nada bien.

Pero él era un profesional.

Así que les largó un discurso: les dijo que con él sudarían tinta y sangrarían por los dedos de los pies hasta conseguir una calidad óptima de sus movimientos. El que no quisiera esforzarse que se levantara y se fuera, allí no tenían cabida los mediocres.

Dos se marcharon llamándole *"estúpido ruso"*. Los que se quedaron tenían buena voluntad y muchas ganas pero a la semana ya estaban agotados y desmotivados por el esfuerzo y el cansancio.

El segundo bailarín sin embargo, parecía que seguía sin demasiado esfuerzo lo cual atrajo la atención de unos cuantos.

- Chico, ¿Cómo lo haces? Yo apenas puedo seguir el ritmo del ruso….

- Bueno, tengo unas aspirinas mágicas, las tomo antes de entrar y aguanto seis horas fácilmente como si estuviera en el mismísimo cielo, me vuelvo ligero como una pluma al viento.

- ¿Las compras en la farmacia? Dinos el nombre que iremos a buscar unas cajas.

- ¡Ni se te ocurra! Las vende un amigo mío, valen caras pero salen a cuenta, si quieres te traigo mañana.

Y cinco más se apuntaron a volar.

Cuando Federico se dio cuenta de lo rápido que avanzaban pensó que allí había gato encerrado y les convocó a dos horas extras de ensayo. Se quejaron todos menos esos cinco y su camello. Porque, señoras y señores, eso era aquel mal amigo, un *"camello"* cuyas jorobas escondían un alijo de cocaína de primera calidad.

- ¡Qué está pasando aquí? Preguntó Federico con cara de pocos amigos.

- ¿Ha de pasar algo? Estamos bailando como nunca, ¿no te parece?

- Pues por eso mismo lo pregunto. Algo pasa….

- Es éste, señaló una de las chicas, nos trae aspirinas mágicas y volamos como plumas al viento.

Todos rieron el comentario gracioso, todos menos Federico que le mandó levantarse y acercarse.

- A ver, mírame a los ojos. ¿estás drogada?

- ¡Qué va! Las aspirinas no drogan jefe…

Y todos volvieron a reír.

- Estás drogada, lo veo en tus ojos. Y todos vosotros también. Pues ahora mismo os vais a casa y no volvéis más, no quiero gente "*volando como plumas al viento*" en mi compañía. O sois los mejores sin aditivos u os vais a casa. Estáis despedidos, y no se os ocurra hacer ruido por ahí, os podría denunciar, estoy siendo magnánimo. Fuera.

AMELIA:

A Amelia nunca le dijo Federico que tenía que aprenderse esa obra en tan solo dos días, ella era una amateur y le exigían como a una profesional.

- Nunca te dije que sería fácil, solo te dije que podía darte la oportunidad de tu vida.

- Lo sé, pero necesitaré horas extras hoy y mañana, con los ensayos normales no lo aprenderé bien.

- No te preocupes, nos quedaremos después del ensayo y yo te ayudaré.

Y se quedaron a seguir practicando hasta que llegó aquel momento en que por mucho que te esfuerzas ya no adelantas, sino que vas para atrás.

- Tenemos que dejarlo aquí, ahora estoy muy cansada y de nada sirve seguir insistiendo. Mejor descansamos y nos levantamos pronto, mañana saldrá mejor.

- No. Tengo la solución, le dijo Federico mostrándole una papelina con polvos blancos.

- ¿Te has vuelto loco? ¿sabes lo que haces? No puedo creer que te enganches a eso.

- ¡No estoy enganchado! Solo lo hago cuando necesito un sobreesfuerzo, y ahora lo necesitamos los dos.

- Te equivocas, yo no necesito mierdas blancas. Me largo y no vuelvo, no quiero tener nada que ver con drogas.

Amelia se marchó. Federico la miraba al andar: graciosa, serena, elegante…, sería una gran bailarina, le recordaba a Sasha, su maestra de la infancia.

- Amelia espera, tienes razón.

Amelia se paró y al darse la vuelta se encontró a ese bailarín a dos centímetros de su cara. Aspiraba su aire, bebía su aroma a cisnes, traspiraba amor….

Bien: estamos poniendo sobre la mesa una especie de partido en el que algunos jugadores quizá ganan y otros quizá pierden, pero podemos cambiar el resultado de esta relación para bien. Estamos hablando de confrontar…

La Intransigencia VS La Caridad

De intransigente se califica a la persona que no está dispuesta a ceder, alguien que no acepta o no cede en algo concreto como una opinión, una actitud, etc. Una persona intransigente.

La persona intransigente no acepta llegar a acuerdos para terminar una discusión; no modifica su postura y se aferra de manera estricta a una regla, valor o tradición. No tolera ni reconoce que los argumentos de los demás pueden ser válidos, es muy difícil convencerles de algo en lo que no creen.

El intransigente nunca cede, no perdona, no da su brazo a torcer. Cree firmemente que no transigir es una virtud de su carácter, es absolutamente exigente incluso en las cosas de poca importancia. La persona intransigente es incapaz de acomodarse a nadie.

Lo contrario a la intransigencia es la empatía. Empatizar no significa aceptar lo que la otra persona te expone sin más.

El empático no renuncia a sus propios puntos de vista, sin embargo intentará ponerse en tu lugar para comprender y respetar los tuyos y te escuchará sin emitir juicios. Permitirá que te expreses y te dará incluso la razón en contra de lo que pensaba anteriormente si tienes argumentos suficientemente válidos que le convenzan de lo que tú defiendes.

Hay que puntualizar aquí que aceptar o no los puntos de vista distintos se correlaciona con los valores y los principios de cada persona.

En mayor o menor grado todos somos intransigentes en ocasiones, sobre todo si alguien de nuestro entorno intenta cambiarnos, impide que hagamos algo que deseamos o incluso cuando nos juzgan de manera que nos puede parecer errónea.

Pero el intransigente "*auténtico*" no se limita a esto. Él se muestra incapaz de aceptar las ideas contrarias a las suyas abriendo un combate dialectico difícil de ganar.

Es fanático e intolerante por insignificante que sea la cuestión a la que os referís y hasta es capaz de mostrarse magnánimo contigo cuando atisba que no podrá ganar esa batalla porque tus argumentos son de peso y de verdad irrebatibles.

No cederá, pero callará sugiriendo que no vale la pena perder más tiempo contigo, lo hará intentando herirte o hacerte incluso parecer tonto. Nunca se acomodará a tus ideas, incluso no lo hará aunque internamente piense que tienes razón. No quiere perder el poder que cree tener sobre ti, es una persona totalmente inmovilista.

La Intransigencia tiene, sin embargo, un lado positivo: podemos mostrar una fortaleza extrema intransigente frente a los chantajes, ante los Derechos Humanos, la Xenofobia o ante la Violencia de género, por poner algunos ejemplos. Son límites ante los que no podemos ser tolerantes desde bajo ningún punto de vista y los cuales hay que defender a ultranza.

Aunque la intransigencia la practicamos todos en algunos momentos, nunca debe llevarse al extremo exagerado. Podría ser una cualidad positiva sin embargo en determinadas circunstancias, como es el caso de defender valores o principios.

La Caridad se define como una actitud desinteresada en favor del prójimo sin esperar nada a cambio.

Se pone en evidencia cuando brindamos apoyo a quien lo necesita sea en el campo económico, personal, espiritual, de refugio, alimentaria….

Aun estando muy conectada con la religión, las personas caritativas no tienen que ser religiosas necesariamente, es un valor ético y personal.

En la religión cristiana se considera una virtud teologal que consiste en *"amar a Dios sobre todas las cosas y al prójimo como a uno mismo"*. Se trata pues de un Amor desinteresado que no pretende obtener nada a cambio cuando te das a los demás. Sin embargo, este tipo de Caridad tiene la contrapartida de obtener paz y felicidad debido a la generosidad de tu conducta.

Hablar de caridad es en realidad hablar de Amor, de hacer el bien sin esperar beneficio, de ser generoso y de aceptar y respetar a los demás seres humanos en su diversidad. También la encontramos al perdonar a quien nos agrede y al evitar las críticas contra quien nos ofende.

El *"hoy por ti y mañana por mí"*, tan utilizado en nuestra sociedad, no tiene nada que ver con la Caridad, más bien es sinónimo de interés.

Existe una parte activa de esta Virtud que es mucho más importante hoy en día en que la mayoría de las sociedades son menos religiosas.

Encontramos este mensaje en Mateo 25, 31-46 donde nos dice: *"Al final seremos juzgados por lo que hicimos, por lo que amamos, no por lo que dejamos de hacer"*.

Esta parte activa se corresponde con hacer cosas concretas por amor y no por evitar el castigo, construir relaciones positivas "*haciendo*" y no "*dejando de hacer*", por tener valores intrínsecos positivos y no por esquivar las posibles consecuencias negativas a las que podríamos enfrentarnos.

La Caridad es en definitiva una virtud de entrega libre y personal. Esta virtud por excelencia conlleva como resultado obtener paz en tus relaciones y hace posible la comunicación y el entendimiento, el llegar a acuerdos incluso cuando se presenta el desamor entre los individuos.

La Caridad vivifica.

En realidad hablar de caridad es hablar de amor desinteresado a nuestros semejantes. Se expresa en todas sus formas: solidaridad, afecto, ternura, protección, defensa, amparo, generosidad, justicia, honestidad…. Vemos la caridad en los actos de este tipo que personas —religiosa o no — hacen todos los días, sin esperar un pago por ellos.

¿Qué crees que habría pasado si Federico y Amelia hubieran reaccionado diferente?

Exacto. Todo habría sido muy distinto.

En resumen:

- La intransigencia nos vuelve injustos y egoístas.

- La caridad nos capacita para **AMAR**.

Así que….

¿Qué prefieres? ¿Serás un intransigente? O bien ¿tendrás actitud caritativa?

Está más claro que el agua:

LA CARIDAD TE HACE FUERTE.

¡Cuidado con los miedos! Les encanta robar tus sueños.

Anónimo

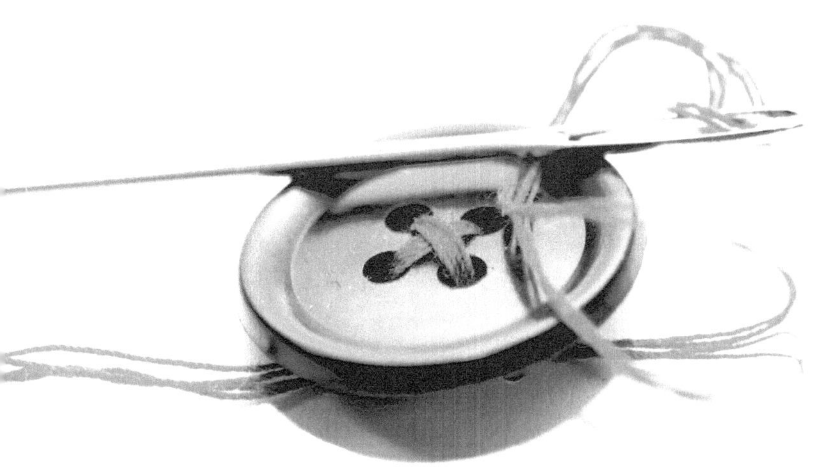

Carmela y octavio

La constancia - el miedo

Carmela estaba en modo bloqueo.

Pensaba en lo mucho que le dolía ese incendio. No tenía ni idea de lo que podía haber pasado, no era normal que ese restaurante — con todos los artilugios de última generación — se incendiara de repente y tan rápidamente, allí algo olía a quemado nunca mejor dicho.

Recordaba la discusión del día anterior con Octavio y había llegado a la conclusión que el pirómano era él. Se preguntaba a sí misma porque ocurrían cosas malas en el mundo si Dios era bueno, o al menos es lo que le hicieron creer.

Pero Carmela era la imagen total de la entereza y cuando Isidro, el policía, se le acercó, dejó de llorar exteriormente para relatar todo lo ocurrido el día anterior.

- Si, le despedí al instante. Tuvo la poca vergüenza de decir que las "*cazuelas Carmen*" no eran buenas, todo el mundo viene a mis restaurantes precisamente a comer mis cazuelas.

- Cierto, son buenísimas, lo confirmo por experiencia, he comido muchas veces aquí ¿Se enfadó mucho?

- ¡Ya lo creo! Decía que allí todo era mejor gracias a él y que cometía un error al echarle, pero yo fui generosa con Octavio. Confié en él y le dejaba dirigir el restaurante a su manera, la única condición eran las "*cazuelas Carmen*" del jueves....

- Entonces… ¿Cree que el incendio ha sido provocado?

- ¡Por supuesto! Ha sido él, Octavio, seguro.

OCTAVIO:

Sentado en la Maruji, su Harley, miraba a aquella morenita serena que se acercaba. Le llamó su atención aquellas botas puntiagudas de vaquera con pespuntes, eran ideales para ir en moto; y ¿él se había comprado unas deportivas de moda para impresionar? Dinero tirado a la basura.

Decidió que estaba justo donde debía estar, aquella mujer seguro que estaba esperando conocerle. Al ver que no estaba decidida a contratarle salió en su ayuda:

- Carmelita ¿puedo llamarte así? Estoy plenamente capacitado, puedes estar segura.

Y se sintió como el torero que clava una banderilla, "*tocada*" pensó, el trabajo es mío.

Al pasar los meses y ver que la morenita no le hacía caso en sus deseos extralaborales, Octavio empezó a ponerse de mal humor. Su capitán le había pedido que sentara la cabeza pero la "*guindilla de maceta*" no se lo estaba poniendo nada fácil.

Al no poder enamorar a su jefa, pensó que si se volvía un cocinero de estrella Michelin ella caería en sus brazos al final como cae la manzana de Newton con la gravedad. Arcoíris no había asistido a la escuela desde los nueve años pero tenía una inteligencia superior y se había tragado todos los libros de la biblioteca de su capitán entre guiso y guiso.

Pero tampoco fue así, al contrario. Carmelita se enfadó muchísimo al ver que había cambiado el menú de los jueves, las jodidas "*cazuelas Carmen*". Aquello le hizo maldecir al capitán:

> - ¿Qué siente la cabeza dijiste? ¡Puedes irte al diablo tú con todos los discípulos metidos en una botella y Jesucristo de tapón!

Y arrancando la Maruji de una patada se fue tramando en su mente una venganza que todos recordarían por los siglos de los siglos. Amén.

CARMELA:

El segundo cocinero la veía ir de aquí para allá sin parar. Era el día del cierre, el final de un ciclo de "*cazuelas Carmen*" que había durado años y que llegaba a su fin por culpa de un desalmado que incendió el establecimiento.

Carmela había dispuesto que ese día el restaurante 1 tenía que estar como la chica que quiere dejar a su novio porque le ha engañado: maquillada, peinada de peluquería y con minifalda de Valentino, para que el mundo viera lo que se estaban perdiendo.

Había invitado a Isidro, el policía solícito que hizo por ella todo y más, aunque sin conseguir encontrar cómo Octavio había incendiado el 2. Parecía como si hubiera hecho un pacto con el diablo pero en lugar de pedir juventud eterna le concedieran inmunidad total.

- Segundo, quiero una mesa preciosa para Isidro y su mujer en la cocina, ha de tener un toque mediterráneo, él se lo merece.

- Ha hecho todo lo que ha podido…. Dijo Segundo.

- Por eso mismo, quiero que se sientan a gusto en su casa.

- ¿Tú no cenas con ellos?

- Yo prefiero cenar cuando todos se vayan, no deseo tener ningún contratiempo precisamente hoy.

- Si quieres…

- Espera, ya viene. Qué raro, viene solo….

Se quedó a medias Segundo cocinero en su pregunta. Deseaba invitarla, consolarla, darle todo su amor y su apoyo, pero no tuvo ocasión, Carmela salía a buscar a Isidro.

Y Carmela sabía que debía apartarse de Segundo cocinero. Era el único hombre con el que se habría sentido niña, con el que habría querido casarse, pero ella tenía un amor más grande, la cocina.

Ese fue el principio del fin.

Ese fue el fin para un nuevo principio.

Si ya has leído los dos libros anteriores ya sabes cuál fue el desenlace de la historia, pero ahora yo, que soy muy optimista, quisiera mostrarte desenlaces alternativos que podrían haber cambiado el rumbo de las cosas.

Querido lector, al llegar aquí sabemos cuáles son las versiones y las razones por las que nuestra heroína y nuestro héroe actuaron como lo hicieron.

—¿Qué pasaría si hubieran hecho cosas diferentes?

OCTAVIO:

Deseaba ser el mejor y había conseguido crear unos platos magníficos a base de guisar y guisar, pero no lograba que sus cazuelas de arroz llegaran a la categoría de exquisitas. ¿Cómo lo hacia su Carmela? Porque sí, su jefa era **SU** Carmela, la única mujer por la que él estaba dispuesto a sentar la cabeza.

Cuando entró en la cocina y vio a Carmela enfadada y cocinando supo que no conseguiría entrar en su vida, en su casa, en su corazón ni en su toque para el arroz. Se le resistía como toro cabizbajo resoplando y rascando la tierra con su pata, era mejor dejar de perseguirla.

Por primera vez en su vida tenía miedo.

- Si, tienes razón, no he hecho lo que me dijiste porque a mí no me salen como a ti, por esa razón el Carmela 1 está siempre lleno y este, el 2, no lo consigue.

- ¡Pero solamente te pedí que hicieras este menú los jueves, los demás días podías decidir a tu aire!

- Lo sé, pero estoy cabreado, no puedo igualar tu toque mediterráneo, parece que nací en el lado atlántico de Cádiz.

- Y ¿qué hacemos? Tenemos menos clientes cada día….

- Puedes venir aquí unos cuantos jueves y enseñarme como lo haces….

- ¿En serio? Creía que no te haría gracia, tu tienes estudios de cocina pero yo soy autodidacta. En realidad ya lo había pensado y te lo iba a proponer hoy, por eso he venido. Y mira con lo que me he encontrado…

CARMELA:

- Creo que Octavio está en plena oscuridad, no encuentra el camino, es como si estuviera metido en una caja y no quisiera salir de ella.

Así por lo bajini pensaba nuestra heroína mientras empezaba a poner la negra y estupenda cazuela en el fuego para enmendar lo ocurrido.

En ese momento aparecía Octavio con las peras de Lleida y el arroz de Padano, ideales para su risotto.

- Hay madre…., aquí está la jefa y yo cambiando su menú, me las voy a cargar…., pensó nuestro héroe.

Con la mirada inquisitoria de Carmela sintió miedo por primera vez en su vida.

Sintió miedo.

No sabía cómo procesar este nuevo sentimiento en su vida. Recordaba aquel día lejano cuando cogió el paracaídas y se lanzó al vacío sin más; las caras de los que querían acojonarle se habían puesto del color de la luna llena, los miedicas eran ellos pero Octavio no, nunca había sentido miedo en su vida.

O quizá sí, aquel día con quince años cuando su padre le mandó a ser un camello. Pero lo superó enseguida, por eso se marchó de allí solo, sin nada en su mochila mas que un montón de hierbas tóxicas, sin nada que ofrecer….

Pero hoy era distinto, el miedo era real y le llegó por sorpresa, sin avisar, sin decirle que se sentiría fatal y vería todo negro a su alrededor. Era el miedo a perder a esa mujer a la que nunca pudo ganar.

Pero Carmela se apiadó.

- Ven Octavio, te enseñaré cual es mi truco genial.

- ¿hay un truco genial? ¿por eso a mí no me salen las cazuelas Carmen como a ti?

- Exacto, hay un truco. Todo buen cocinero tiene sus trucos geniales que nunca rebela. Como tu…

- Yo no tengo trucos.

- Los tienes. Uno de ellos es ese diploma falso que me enseñaste para que te contratara, la escuela Vista en Barcelona tiene diplomas diferentes, les conozco, me preguntaron por mi "truco" pero entendieron que un buen cocinero jamás los rebela.

- ¿lo sabías? ¿desde el principio?

- Si. Y atento: también sé como me miras, pero yo solo tengo un amor, mis cazuelas. Si puedes entender esto todo saldrá bien y tu harás tus cazuelas Carmen tan maravillosas como yo.

- ¿también sabías eso?

- Desde que me miraste sentado en tu Maruji el día que nos conocimos. Te encantaron mis botas.

- Joder Carmelita…

- De joder nada, venga, a cocinar.

Y…¡Sin miedo!

Bien: estamos poniendo sobre la mesa una especie de partido en el que algunos jugadores quizá ganan y otros quizá pierden, pero podemos cambiar el resultado de esta relación para bien. Estamos hablando de confrontar…

El miedo VS La Constancia.

El Miedo se define como una emoción intensa desagradable provocada por la percepción de una amenaza. Puede ser inminente, pasada o futura, y también real o imaginaria.

Consideramos el miedo como algo negativo, sin embargo cumple con una función básica, es un mecanismo de defensa para nuestra supervivencia. Si no tuviéramos miedo probablemente moriríamos porque viviríamos de forma temeraria. El problema no es realmente tener miedo, sino ese miedo neurótico que a veces nos ataca sin motivo real aparente.

La emoción del miedo es pasiva, nos induce a retirarnos y nos hace sentir indefensos.

El miedo nos proporciona la capacidad de adaptarnos al entorno y reaccionar rápidamente ante situaciones peligrosas, pero también nos frenará a la hora de actuar, nos debilita y nos paraliza si lo sacamos de contexto.

¿Alguna vez has pensado que tu trabajo o tu relación se te hacen incómodos pero sigues ahí? Estás en lo cierto, sigues ahí por miedo al cambio. Y si persistes en intentar adaptarte a tus circunstancias con razones más o menos de peso, ese miedo seguirá y seguirá en tu interior.

Podrás hacer como si no existiese por dinero, por comodidad, por el *"qué dirán"*, por lo que sea. Podrás seguir ahí hasta el día que te mueras si esa es tu decisión, pero no lograrás quitarte de encima esa miedica sensación.

O bien podrás pegarle una patada a todo y replantearte tu vida.

Será un nuevo comienzo con miedo, seguro, pero puede que llegues a alcanzar por fin tus metas y objetivos con un miedo incómodo que te hace más feliz.

Porque escucha bien lo que te digo: el miedo puede aparecer, pero también tienes capacidad de raciocinio. Si, tienes lo que se llama *"voz interior"*, *"intuición"*, *"sagacidad"* y lo que llamamos últimamente *"Voz del Alma"*, como tú quieras llamarle, esa voz nunca te dejará en paz si sigues metido donde no debes estar.

Has leído bien, la palabra clave es *"debes"*, porque tú te mereces tener todo lo que deseas. Puede que descubras que te estás diciendo a ti mismo que el Miedo es *"un maldito hijo de su madre"* pero seguirá incordiando.

El Miedo también puede esconderse bajo múltiples disfraces; le podemos llamar insatisfacción, falta de tiempo, demasiado trabajo, ansia de libertad, ser incapaz....

Imagina que te sientes insatisfecho con tu vida actual, ¿porque no la cambias? Por miedo. Si haces pequeños cambios que te satisfagan todo empezará a mejorar.

Imagina que te falta tiempo para ti. Has de saber que el tiempo nunca falta, solamente se ocupa, puedes decidir a qué o quién le concedes parte de tu tiempo. ¿Por qué no te das más tiempo? Porque si te das más tiempo trabajarás menos y tu jefe te puede despedir al no cumplir objetivos. En definitiva, miedo a ser despedido.

No piensas que si te propones cuidarte un poco cada día tendrás más energía y serás más eficaz, acabando tu trabajo a tiempo y sintiendo que todo va mejor.

Y…. ¿seguro que eres "*incapaz*"? Por tanto, intenta descubrir qué nombre le das a tu miedo para enfrentarlo.

Cualquier cosa es susceptible de provocar miedo, todo depende de la persona que lo vive. No todos los estímulos producen los mismos efectos en personas diferentes, cuando sentimos miedo tenemos poca capacidad de control y predicción.

Al margen de que hay miedos razonables y hasta irrazonables, te lo puedo decir más alto pero no más claro: tú **SIEMPRE** vas a sentir miedo en muchos momentos de tu vida.

La estrategia para liberarse de él es saber que nunca te vas a liberar de él.

No puedes mandarle a "*freír espárragos*" y quedarte en paz porque no te va a dejar en paz, lo mejor es dejar de rebelarte, saber que está allí y saber también que puedes permitirte sentirlo, aunque no debes permitirle que te gane. Deja que se pasee por tu vida y dile algo parecido a "*¡Hola!, paséate si quieres, pero yo voy a actuar*".

Al miedo se le hace frente de varias formas: retirada, amenazar, atacar, o paralizarse. En realidad es en general una emoción que nos dificulta para vivir la vida sanamente, una barrera, un bloqueo emocional que nos impide en muchas ocasiones disfrutar de los placeres de la vida.

Asume que existe y no te paralices por ello.

La Constancia se define como una actitud perseverante, una predisposición de ánimo, un empeño mayor para llevar a cabo nuestros objetivos aunque surjan dificultades o disminuya nuestra motivación, es fuerza de voluntad en seguir a pesar de todo, es perseverar.

Es una virtud indispensable para alcanzar el éxito. Lo has oído y leído muchas veces, sobre todo en lo relacionado al deporte de alto rendimiento. Pero…. ¿y si hay algo más?

Naturalmente, entrenar nos sirve de mucho, pero la clave está en tu cerebro, en tu motivación. De nada te sirve un cuerpo perfectamente entrenado para ganar una carrera si no estás motivado para llegar el primero a la meta.

Sin motivación desertarás, encontrarás toda una tormenta de razones para abandonar. La motivación es el motor de la constancia y es directamente proporcional: a más motivación, más perseverancia.

A pesar de lo escrito hasta aquí existe lo que llamamos *"zona confortable"*, o lo que yo llamo *"asesina de sueños"*. Tus pensamientos te dirán que quieren protegerte cuando en realidad lo que desean es que no te esfuerces.

Tienes formas distintas para combatir el abandono y seguir adelante, desde crear listas planificando y agendando el día a día, escalonar tus metas, medir tus avances y premiarte cada vez que superas un peldaño.

Ayúdate con tu música preferida y con una buena alimentación así como con los descansos necesarios. Recuerda que el esfuerzo es importante ya que todos podemos llegar más lejos de lo que creemos, pero el descanso y el sueño son imprescindibles para lograr aumentar tu motivación y tu acción.

Si de verdad quieres llegar donde te has propuesto llegar, la disciplina es el mejor sistema para conseguirlo. Ser disciplinado es una manera de obtener ventajas y objetivos. Te ayudará a concentrarte y enfocarte en tus metas, tendrás hábitos más saludables y te ganarás además el respeto de quienes te vean conseguir tus objetivos.

Además, con una buena planificación, tendrás más tiempo para ti y para los tuyos y fortalecerás tus relaciones personales y sociales.

Ser constante nos llevará a enfrentarnos a una serie de dificultades impidiendo que nos derrumben, la constancia nos hará seguir adelante hasta conseguir nuestros propósitos, pero necesitaremos ciertas condiciones: interés indiscutible, trabajar el tiempo necesario y motivación inquebrantable, también denominada **Fe**.

Naturalmente aparecerán tropiezos que nos querrán detener, pero la constancia será la fuerza invencible contra el cansancio y el desánimo. Ser constante significa no cambiar las decisiones, no procrastinar, cumplir los retos, no desalentarse ante los tropiezos y mantener el máximo esfuerzo hasta el final. Será pues imprescindible contar con una voluntad y un espíritu de sacrificio a prueba de fuego.

La constancia es una gran virtud, el único camino para alcanzar los objetivos. Y nos gratifica con la satisfacción de ver cumplidos nuestras metas.

Tener un propósito en la vida nos ayudará a no desfallecer, a seguir perseverando constantemente.

¿Qué crees que habría pasado si Carmela y Octavio hubieran reaccionado diferente?

Exacto. Todo habría sido muy distinto.

En resumen:

- El Miedo nos paraliza.

- La Constancia nos capacita para conseguir nuestras metas.

¿Qué prefieres? ¿Serás un miedica? O bien ¿actuarás hasta el final?

Está más claro que el agua:

LA CONSTANCIA TE HACE FUERTE.

Dejar caer el rencor, la violencia y la venganza, son condiciones necesarias para vivir felices.

Papa Francisco.

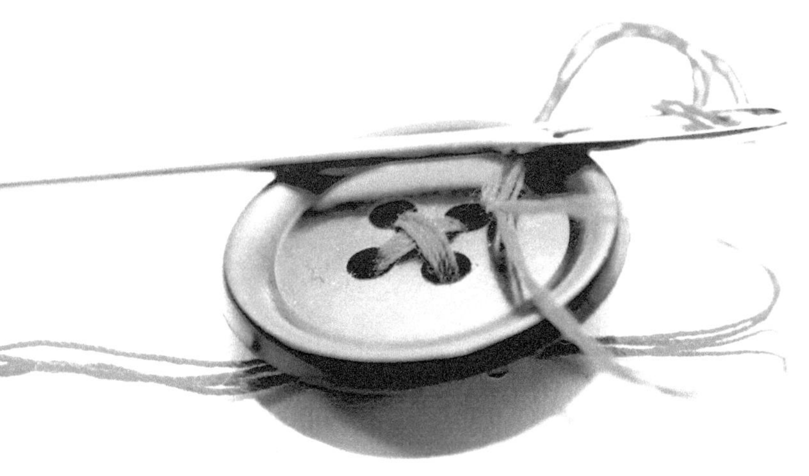

Aída y Piero y Catalina

La esclavitud del ego – la venganza

Piero le dijo que lo mejor era soltar todo aquello que no le servía para nada en su vida, que la venganza solo le acarrearía energías discordantes, Piero era un acérrimo defensor de la diversidad humana.

- No deseo vengarme en realidad, Aída no tiene la culpa de que mi padre fuera un monstruo con nosotras. Pero sí me gustaría que se diera cuenta que no es feliz por su comportamiento egoísta con los demás.

- Pero eso no te incumbe Catherine, es su decisión.

- No creo, ella no lo ha decidido así, solamente no se da cuenta…

- Tú no puedes interferir en su modo de vivir, ella ni siquiera sabe que existes, solo conoce a Catalina y ya sabes como la trata.

- Es mi hermana Piero… no puedo verla sufrir, ni cuenta se ha dado de que sufre por ser tan egoísta.

- Vale, vale, de acuerdo, idearé un plan.

No era un mal plan.

Cuando llegaron a casa con todos los vestidos se pusieron en contacto con el museo del Traje de París. Allí les contaron que un cabo del ejército francés encargaba vestidos maravillosos por orden de su general, para su esposa española.

El cabo jamás nombró quien era, así lo quería su general, murió sin contar nunca el secreto y se perdió la pista. No eran simples prendas de modistos famosos, eran obras de arte únicas, perdidas a saber dónde.

AIDA:

Esa mujer, Catalina, le ponía de los nervios. Le gustaba ir a coser, los vestidos de su madre eran preciosos y quizá algún día se los pondría si conseguía un marido a su altura, pero antes los tendría que arreglar. Ella era más alta y más estilizada, tenía que aprender a coser y mira por donde había descubierto que la costura le gustaba y se le daba bien.

Pero los días de clase se le hacían pesados debido a esa chica vulgar y feucha, con una voz horrible, Catalina. Sí, eso era lo peor. Las demás no eran tampoco gran cosa pero al menos tenían una vida corriente, pero Catalina no, era un espantajo solitario, nada que ver con ella.

Ese día Aída decidió que pediría un cambio de turno para no tener que soportar más el hiriente falsete en sus oídos pero para su sorpresa Catalina no había ido a coser. ¡Qué bien!

Pasó la tarde tranquila. Después de los días anteriores tan ajetreados debido al robo que hubo en su piso la ausencia de Catalina en clase le sentó de maravilla.

Sin embargo al acercarse a su casa algo interior le decía que nada había acabado, que sus desgracias seguirían, que nada de aquello tenía sentido. ¿Entrar en su casa para robar? Ni de lejos era ella la más rica de la escalera. En el principal había un despacho de abogados. En el ático una escritora famosa por sus libros y por su colección de arte. El cuarto era un piso doble propiedad de un joyero hindú.

- ¿Por qué robaron en mi casa? Mi alarma es sencilla pero los ladrones saben desconectarlas, y además yo soy la más pobre de la finca….

Pero se acordó que había quedado con Piero y que la agencia le habría mandado a alguien nuevo a limpiar, así que decidió olvidar aquellos pensamientos inquietantes y ponerse guapa para la cena, Piero lo valía.

- ¡Pero bueno, Catalina! ¿qué haces aquí?

- ¿Aída? ¡vaya sorpresa! ¿esta es tu casa?

- Ya ves….

- Pues ya la tienes limpia, ya nos íbamos…

- No, espera. Toma mis llaves, a partir de ahora quiero que vengas siempre tú, a las otras no las conocía pero en ti puedo confiar.

- ¡Oh! Pues muchas gracias, avisaré a la agencia.

- Y así, más tranquila, Aída se dispuso a ser diosa para aquella noche con su recién descubierto príncipe italiano.

PIERO CATALINA:

A pesar de aquel pequeño fallo su plan se había podido reconducir con éxito, más éxito si cabe ya que ahora tenían las llaves del piso de Aída y su confianza en las "queli's", ¿recuerdas? Las "**que-li**" mpian. Ya no tenían que entrar con cuidado ni distraer al conserje ni parar la alarma.

Cuando Piero "*regresó*" a la ciudad — evidentemente Aída no sabía que no cogía esos aviones por los que compraba los billetes — la llamó para salir a cenar y dejar vía libre a Catherine y sus amigas, podían limpiar el piso sin que el conserje sospechara nada, bueno…

"Limpiar el armario de los maravillosos vestidos".

Es decir, robarlos.

Catherine llegó a su casa con tres maletas, la suya y las de sus amigas, todas ellas repletas de maravillas confeccionadas en seda, encaje de Guipur, Crepe Georgette, terciopelo y pedrería multicolor. Los colgaron para no estropearlos, eran tan resplandecientes que nuestra heroína no pudo aguantar las lágrimas al pensar en Mei, su madre. Se merecía haberlos lucido en sus bailes, ella ya solo la recordaba con esos tejanos ajados que llevaba en la cárcel cuando murió.

Pero al rato dejó de llorar y miró a Piero. Los dos al unísono empezaron a reír, pensaban en cómo se quedaría Aída al descubrir que su tesoro textil había desaparecido.

El plan se había completado con éxito, ya solo faltaba mandarlos al Museo Textil de París anónimamente y marcharse de allí a vivir su nueva y tranquila vida en la capital de la luz.

Ese fue el principio del fin.

Ese fue el fin para un nuevo principio.

Si ya has leído los dos libros anteriores ya sabes cuál fue el desenlace de la historia, pero ahora yo, que soy muy optimista, quisiera mostrarte desenlaces alternativos que podrían haber cambiado el rumbo de las cosas.

Querido lector, al llegar aquí sabemos cuáles son las versiones y las razones por las que nuestra heroína y nuestro héroe actuaron como lo hicieron.

—¿Qué pasaría si hubieran hecho cosas diferentes?

AIDA:

Esa mujer, Catalina, le ponía de los nervios con la voz horrible que tenía.

- Pobrecita, pensó Aída, las personas feas y poco agraciadas suelen estar siempre solas, con pocos recursos económicos, no tienen tanta suerte como yo…

Y pensaba que su suerte era de verdad extraordinaria por varias razones: era guapa, tenía un piso en la mejor zona de la ciudad que estaba pagado, su trabajo le permitía viajar a todo el mundo tanto en su imaginación como en la realidad, tenía unos vestidos de ensueño que algún día se pondría para agradar a su marido, aquel con el que soñaba en su sofá, y había tenido la gran suerte de disfrutar del amor de unos padres maravillosos.

Se daba cuenta que su existencia era fácil.

Las demás mujeres con las que compartía clase en el taller de costura tenían vidas anodinas con maridos anodinos y economías anodinas. En cambio ella disfrutaba de un buen sueldo y una estupenda posición.

No tenía marido, cierto, pero lo tendría, quien sabe si sería italiano. Lástima que no le quedaba familia para compartir su buena suerte, no se podía tener todo en la vida pero ella tenía mucho, no se podía quejar….

PIERO CATALINA:

Habían tenido un pequeño fallo pero sin embrago todo iría mejor ahora que tenían las llaves del piso de Aída y lo más importante, la confianza de Aída en Catalina.

- Sí, todo va bien pero me siento mal Piero, quizá tenías razón, no deberíamos haber intervenido en su vida.

- Te lo dije, la venganza nunca produce satisfacción.

- Cierto, pero no era mi intención vengarme, solo quería que se diera cuenta que su actitud egoísta le estaba haciendo la vida más desdichada.

- Y ¿Por qué no se lo dices? Háblale directamente, dile quien eres, muéstrate tal como eres…

- Lo intenté ese día que le pregunté por una calle, ¿recuerdas?

- Lo recuerdo, pero no se lo preguntó Catherine, fue Catalina, por eso no te hizo caso…

- ¡Pues precisamente! Intento que vea que la gente es importante por lo que es y no por lo que tiene….

- Y lo verá si tú se lo haces ver, pero no puede hacerlo como Catalina momento. Muéstrate auténtica y explícale todo con tacto, todo tiene un curso y un tiempo a seguir.

El carácter de la gente no se cambia en un día...

- Eres mi príncipe italiano, muá.

Llamaron a su puerta el sábado por la mañana y Aída la abrió en pijama. Acababa de desayunar y aún no había pasado por la ducha. No podía creer la aparición que tenía ante sus ojos.

Sin mediar palabra se hizo a un lado para dejar entrar a aquella diosa balinesa vestida con unos tejanos ceñidos, zapatos Manolos y jersey de Givenchy.

- Pero…. ¿eres tú? No lo puedo creer…., como has hecho esto…., ya me olía yo algo raro, ¿Quién eres en realidad?

- Mi querida Aída egoistona, soy Catherine.

Soy tu hermana. Siéntate, te lo contaré todo.

Bien: estamos poniendo sobre la mesa una especie de partido en el que algunos jugadores quizá ganan y otros quizá pierden, pero podemos cambiar el resultado de esta relación para bien. Estamos hablando de confrontar…

El EGO VS La Venganza.

El EGO se define como un exceso de autoestima.

La persona egoísta es aquella que siente un amor desmedido por sí misma y que además está pendiente en todo momento de su propio interés, sin tener en cuenta a nadie que le rodee.

Para el egoísta solo existe una realidad, la suya. A su vez, sus valores se centran en la adquisición y el consumo, razón por la cual no son personas espirituales.

La humildad no es una de sus virtudes razón por la cual exageran la valía de su personalidad. En su afán de notoriedad se vuelve exclusivista y se esmera por hacerse notar.

En ocasiones encontramos ególatras disfrazados de seres bondadosos si con ello pueden manipular al otro, ya que su ambición insaciable busca recursos para salirse con la suya. En este caso no siente altruismo ni tolerancia, sencillamente buscan los caminos para que caigas en su trampa y poder salir ganando. Al conseguirlo aun pedirá además, que se le reconozcan sus éxitos y le demuestres tu admiración.

El ególatra jamás se rinde. No soporta pasar inadvertido y te interrumpirá sin piedad si eres tú quien consigue la atención de la audiencia. Para demostrar su hegemonía cree que debe vestir, tener y ser más que nadie. Si le preguntas quien es te contestará con su rol en el mundo, (soy médico, tengo un máster en...). Y sus palabras favoritas son **YO** y **MI** (yo soy..., mi inteligencia...).

Si se encuentra con alguien a quien considera mejor que él lo degrada sin piedad tergiversando la realidad si hace falta. En su diccionario no existe la palabra "*perder*".

Siempre encontrará dificultades para hallar un acuerdo mutuo, él quiere ganar. El egoísta sufre mucho, así que para no sentirse culpable buscará a quien culpar. Se mueve entre la realidad exterior y su "*YO ideal*" que es el único que muestra a los demás. Es este sentido podríamos decir que, aunque es consciente de su propia identidad, no la reconoce como tal y esta dualidad es la causa de su sufrimiento.

La persona con un Ego exacerbado es exclusivista y territorialista defendiendo sus puntos de vista en su afán de hacerse notar.

El Ego es capaz de disfrazarse de cualquier cosa.

Puede parecer bondadoso y espiritual, aunque la verdad es que lo hace para manipular a los demás en su afán insaciable de vanidad, solamente está buscando Admiración y reconocimiento.

El individuo **EGO** es consejero y sabelotodo. Se erige en juez de forma hipócrita, interrumpe, copia y roba argumentos en los que sustentar su egolatría necesitando ser siempre el centro de atención en cualquier reunión familiar, social y laboral.

El **Ego**, cuando aparece, te separará de los demás y sobre todo de ti mismo. Si eres una persona humana y bondadosa te etiquetará con emociones como el Amor, empatía o solidaridad y te atacará. De este tipo de sentimientos nos quiere alejar ya que en ellos no puede encontrar el reconocimiento y la admiración que necesita obtener en su entorno.

Los principales escollos que encuentra el Ego son su adicción a la aprobación ajena y la culpabilidad que conlleva sufrimiento, por esa razón busca siempre un culpable a condenar y evita el dolor propio.

Es muy posible que puedas reconocer al Ego en ese amigo chulo y seguro de sí mismo que cree tener el control en todo y aparenta ser el más feliz del mundo mundial.

Existe además un tipo de Ego más difícil de reconocer, el que se proyecta en forma de vulnerabilidad y acatamiento. Estos individuos son pasivos y distantes y en ellos se cronifica la depresión. No debemos engañarnos con ellos, lo que hacen es precisamente llamar tu atención a través de la lástima y el victimismo. De forma análoga al Ego anterior, no hacen otra cosa que acaparar tu atención y manipularte para que les hagas caso, siguen queriendo ser el centro de todo.

Lo cierto es que el EGO no es ni bueno ni malo, pero sí es necesario. Si nos muestra un mundo con pocas oportunidades puede llevarnos a la creencia que TÚ, como ser superior, puedes llegar a alcanzar lo que está vetado a otros muchos, en consecuencia te hace crecer en ese sentido.

Pero solamente hasta cierto punto, ya que si te das cuenta de lo que vales en realidad y de que todos somos valerosos por nosotros mismos, te devolverá a Su realidad con el fin de que no te desprendas de él.

No necesitamos deshacernos del Ego pero es aconsejable detectarlo y domesticarlo. Debemos ser nosotros quienes controlemos nuestras vidas y no él.

La incomodidad que sentimos a veces puede resultar un indicador que nuestro Ego percibe alguna amenaza del exterior.

Sin más, nuestro cuerpo puede somatizar este sentimiento intimidatorio y materializar enfermedades producidas por el dolor interno, aunque buscará el origen de sus males en el exterior. Tendrás dolor de espalda por una mala postura o te resfriarás porque hace frio, cosas así…

El **EGO** no se puede eliminar de nuestras vidas al 100% pero lo podemos detectar y controlar. No será posible una buena relación entre el Ego y el Amor. El primero se centra en recibir y el segundo en dar.

Por otro lado encontramos la virtud de la HUMILDAD.

Entendemos la Humildad como la virtud que reconoce las propias limitaciones y debilidades y nos lleva a actuar en consecuencia.

Al contrario que el Ego, esta cualidad se atribuye a quien es capaz de reconocer la valía en cada ser humano sin mantener estatus de superioridad ni necesidad de menospreciar a las personas de tu entorno.

La persona humilde no se vanagloria de sus actos, no se muestra arrogante ni autoritario y no pretender ser el centro de atención.

Tampoco hay que caer en el error de pensar que la persona humilde se subestima a sí misma, más bien al contrario; suele saber hasta qué punto es valiosa, pero no pretende imponer su voluntad ni manipular a sus semejantes.

Así mismo, la Humildad nada tiene que ver con la posición económica o social, ni tampoco con el conocimiento o los estudios; el humilde aprecia a sus congéneres pensando que todos somos dignos en nuestras diferencias.

Quien actúa con humildad no siente la necesidad de recordar sus éxitos a los demás y mucho menos de pisotear a nadie por no obtenerlos. Es una virtud contraria a la soberbia y prefiere la convivencia y la aceptación de nuestro nivel existencial real.

Hay quien cree que la Humildad consiste en callar nuestras virtudes y reconocer nuestras limitaciones con el único fin y objeto de aprender y avanzar como personas.

Cabe destacar que ser humilde no es sinónimo de ser débil o ingenuo, sino tener la lucidez precisa para percibir las cosas en su auténtica realidad.

La Venganza se define como una serie de actos que se destinan a perjudicar a una persona o grupo que es percibido como el culpable de un daño o mal causado sobre otros seres.

En la mayoría de veces se interpreta como un desquite, un equilibrar la balanza, un sentimiento de justicia, aunque si fuera por justicia no se buscaría la injuria sino la reparación.

Se cree equivocadamente que la venganza produce placer, así que la persona vengativa toma este camino para sentirse bien. En realidad los actos vengativos, pasado el placer del momento, nos llevan a la humillación. Para nada es una sensación sana.

Si la persona es vengativa en exceso, puede llegar a trazar planes a medio y largo plazo para infringir un daño mayor y durante más tiempo. La venganza no es un sentimiento de justicia sino algo más visceral conectado con el resentimiento y el odio. De este modo se puede incluso agravar la situación en lugar de darla por zanjada.

En este aspecto los límites están donde uno realmente quiera ponerlos, todo depende de la voluntad de dañar. Es posible por tanto ir encontrando excusas que lleven a seguir produciendo dolor a quien nos dañó más allá de lo que sería recomendable para restituir su error. Es pues una conducta dirigida a perjudicar al responsable o responsables del daño que nos causaron, una conducta vinculada a la agresión emparentada con trazos de sadismo.

La Venganza no nace de la voluntad de hacer justicia ni de conseguir que el mundo sea un lugar mejor, más bien tiene que ver con el resentimiento contra algo o alguien que nos ha enojado.

Una buena táctica para evitar la venganza es dejar pasar el tiempo, el refranero nos enseña que "*el tiempo todo lo cura*" aunque si tu deseo de venganza te esclaviza puede que debas prescindir de él.

Muchas son las personas que dedican tiempo y esfuerzos desmesurados a vengarse, esfuerzos y tiempo que podrían invertir en actitudes más nobles que les llevarían a sentirse mejor o a alcanzar mejores beneficios en sus vidas. Es posible que el camino de la Venganza pueda seducirte en ocasiones pero, al margen de sentirte victorioso del momento, tomar este camino sólo te llevará al malestar, la vergüenza y la culpa.

¿Qué crees que habría pasado si Aida, Piero y Catalina hubieran reaccionado diferente?

Exacto. Todo habría sido muy distinto.

En resumen:

- El EGO nos vuelve insensibles.

- La Venganza nos vuelve injustos.

- La Humildad nos capacita para la reconciliación.

Así que….

¿Qué prefieres? ¿Serás un egoísta? ¿Un vengativo? O bien ¿serás humilde?

Está más claro que el agua:

LA HUMILDAD TE HACE FUERTE.

¡Es un hombre de una arrogancia asombrosa! Es el clásico hombre inteligente que en realidad no es brillante y dcbc convencer al mundo de que sí lo es.

James Ellroy.

Alba y Ángel
La Dependencia Emocional –
El Maltrato

Lo peor de todo es que nadie lo ve.

Los vecinos, la chica del estanco, el mozo de la gasolinera, el tendero, la amiga del trabajo…., nadie se percata por lo que estás pasando si en tu vida hay un maltratador psicológico. Y no lo ven porque el maltrato solo pasa dentro de casa, o en la calle cuando nadie les ve.

En eso estaba pensando Alba precisamente cuando llegó al supermercado para hacer la compra semanal.

Ángel se había quedado en casa con le excusa de tener trabajo (????) pero ella sabía que esa tarde daban un partido de futbol importante, ¿por qué seguía engañándola?

- Pues mejor, pensó Alba, así no me dirá qué comprar y qué no comprar.

Aunque sabía que al llegar a casa le echaría en cara aquel pan inglés, o la marca de garbanzos, o encontraría a faltar un zumo. Ella había aprendido el funcionamiento de esa mente retorcida: todo estaría siempre mal hecho, cualquier excusa era buena para socavar su autoestima.

Cuando ella se fue se levantó del despacho con un suspiro.

- ¡Por fin! Ahora podré ver el futbol sin malas caras, parece que le molesta que vea la tele más que un dolor de muelas.

No trabajaba pero tampoco se esforzaba en hacerlo. Los empleos para los que era solicitado siempre tenían un pero: o eran demasiado inferiores, o no le entendían cuando hablaba, o sus jefes tenían miedo que les quitara el empleo porque sabía más que ellos, o le pagaban muy poco.

Cualquier excusa es buena para un vago.

Porque esas eran las mejores cualidades de Ángel, la vagancia y la presunción. Imagina como de grandes eran sus defectos.

Aquella relación que había sido más que buena durante dos años en que vivían cada uno en su casa se desmontó cuando Alba le dio a Ángel las llaves de su casa. Fue como si le hubiera dado permiso para pisotearla. A ella y a sus hijos.

Alba aun no entendía porque se había permitido descender en la escalera de la autoestima. En realidad no se lo había permitido, sencillamente ocurrió, el amor por ella misma tenía un gran agujero negro que se fue formando como el agujero que ves de repente en la roca, ese que la gota de agua perfora despacito y en silencio.

ÀNGEL:

Se miraba al espejo para ver esa cicatriz en su pecho, la que su exmujer Valentina le había hecho con sus uñas afiladas en aquella discusión cuando supo que se había tirado a su mejor amiga.

De aquel tiempo, lejano ya, se acordaba Ángel a menudo pensando que seguramente tendría que haber aguantado más y quedarse con su mujer y sus hijos. Cierto que se peleaban constantemente pero ya era como el ritual de los sábados por la noche: como los días festivos no trabajaban se aguantaban las 24 horas y era demasiado para que el cuerpo lo aguantara.

Y ahora se sentía peor que nunca. Tenía que aguantar los hijos de otra, dar explicaciones por su paro continuado y tragar saliva allí o buscarse un piso de alquiler. Al menos en casa de Alba no tenía que hacer frente a los pagos, ella se cabreaba pero se conformaba, no tenía más remedio que cargar con ello, el piso era de ella y por tanto las facturas también. Tampoco tenía que quejarse tanto, de vez en cuando le daba algo de dinero para ayudar.

¿Y esos chicos? Ufff…, eran muy pesados. Todo lo hacían mal, siempre le trataban mal, siempre se comportaban mal, siempre todo todo todo estaba mal. Ángel no les aguantaba y se lo hacía saber, sobre todo cuando su madre no estaba.

Y ¡quién iba a pensar que la mosquita muerta le acabaría dando puerta de aquella manera! Él ya le avisó que tenía mal carácter, no se merecía una patada en las narices. Seguro que todo fue idea de los chicos, Alba era muy débil, no habría tenido agallas para hacerlo sola. Además, él ya se había asegurado de cerrar puertas a sus amigas y sus familiares para que no la socorrieran.

- Y mírate ahora, en la calle y sin nada con lo bueno que soy, la vida es muy injusta. Ni Desiré quiere volver conmigo, yo que he sido como un padre para ella.

ALBA:

Estaba segura que había maravillas disponibles para ella aunque ya estaba perdiendo la esperanza.

Con Pablo, cuando era adolescente, se llevó una de las mayores decepciones de su vida, no obstante reconocía que a todos los adolescentes alguien suele romperles el corazón por una razón muy evidente, son totalmente inexpertos en amor y tienen unas expectativas demasiado elevadas, no saben lo que es nada en realidad en sus pocos años de transito por el mundo.

Con Ricardo pues…., fue muy distinto. Ya no era una mocita y creyó que había encontrado su alma gemela, lo creyó de verdad. Y en honor a la verdad lo seguía creyendo solo que él no pensaba igual. ¿Qué no daría ella por envejecer al lado de su gran amor? Pues todo, lo daría todo. Lo había soñado muchas veces pero no podía ser.

Y ¿este? Éste era un gran actor.

Fue un gran actor durante dos años, justo hasta conseguir lo que buscaba, alguien a quien mangonear, oprimir, ningunear. Era mezquino, autoritario, inmovilista, fastidioso. Todas las señales recibidas le decían que era una mujer maltratada psicológicamente y la principal de todas era precisamente que ella lo negaba.

Y una pregunta planeaba por su mente cada día:

¿Por qué has perdido el amor por ti misma?

No, no… mejor no saberlo – se contestaba – tampoco es tan así, él me quiere, solo está pasando una mala época, aun no ha encontrado trabajo….

Ese fue el principio del fin.

Ese fue el fin para un nuevo principio.

Si ya has leído los dos libros anteriores ya sabes cuál fue el desenlace de la historia, pero ahora yo, que soy muy optimista, quisiera mostrarte desenlaces alternativos que podrían haber cambiado el rumbo de las cosas.

Querido lector, al llegar aquí sabemos cuáles son las versiones y las razones por las que nuestra heroína y nuestro héroe actuaron como lo hicieron.

—¿Qué pasaría si hubieran hecho cosas diferentes?

ÀNGEL:

Mirándose al espejo veía la cicatriz que su ex esposa Valentina le dejó marcándole las uñas en el pecho en uno de sus arrebatos.

Se decía que aquella no había sido la mejor época de su vida, un matrimonio forzado con una niñata malcriada que nunca le ayudó a tirar adelante la unidad familiar.

Él tampoco es que fuera un santo. Se había acostado con todas las piernas abiertas que encontraba en el camino, mejor si eran maduritas y viciosillas, tenían un morbo que te cagas aunque reconocía que no estaba bien.

Tenía mal carácter, cierto, intentaba no ser tan intolerante con la edad. Quizá se había equivocado al tratar a sus mujeres con tanta autoridad, quien sabe si habría sido más feliz si fuera más ecuánime, menos soberbio, menos narcisista, si hubiera respetado las ideas de los demás en lugar de menospreciarles.

Alba trabajaba muchas horas y mantenía la casa, veía poco a sus hijos y sus hijos no querían verle a él, alguna razón habría para ello, ¿tan mal se portaba con todos?

Mandaba mandaba y mandaba y no era feliz.

Quizá el camino era otro, ¿podría ser que estuviera equivocado alguna vez?, la pregunta le causaba dolor, no deseaba escuchar la voz profunda de su interior que le llegaba como centenares de dedos índices estirados señalándole amenazantes.

ALBA:

Creyó que ponía locura en su vida cuando se decidió a convivir con Ángel pero lo hizo con ilusión, demasiados palos le había lanzado Rufino, aquel duende que la seguía a todas partes y que sólo ella podía ver. Sin embargo Cupido pasó por allí y le tiró una flecha cargada de amor, no la podía rechazar, ya le tocaba ser feliz.

Un mes fue lo que tardó su ángel particular en abrazar las llamas del infierno y esparcirlas por todos los rincones de la casa. La alegría se convirtió en tristeza, el amor acabó en miedo, las buenas intenciones fueron como globos pinchados que ya no retenían el aire del cariño y la ternura deseada.

Tenía sentimientos encontrados que luchaban entre ellos por ganar la batalla de la razón: Ángel la amaba — ¿por qué la trataba tan mal? No trabajaba pero… ¿buscaba trabajo?, ella mantenía la familia ¿por qué le controlaba el dinero?, se arreglaba para él ¿sus vestidos eran horribles?

Si lograba hacerle entender una sola vez que podían cambiar su desastrosa relación podrían tener una oportunidad.

- ¿Podríamos hablar? Creo que necesitamos un tiempo muerto, no podemos seguir así…

- Esperaba esta conversación, yo también creo que deberíamos hacer las cosas mejor.

- Si Ángel, no nos entendemos bien y deberíamos acabar con tanto sufrimiento, no estamos hechos para vivir juntos…

- Cierto, mejor lo hacemos como personas adultas.

- Te deseo lo mejor….

- Y yo a ti.

Qué bonito habría sido acabar así ¿verdad? Pues con un arrogante no es posible.

El arrogante camufla el mal trato con actitud condescendiente y el dependiente emocional se esconde con miedo, es la cruda realidad.

Bien: estamos poniendo sobre la mesa una especie de partido en el que algunos jugadores quizá ganan y otros quizá pierden, pero podemos cambiar el resultado de esta relación para bien. Estamos hablando de confrontar…

Arrogancia VS Dependencia emocional.

La Arrogancia se define como un sentimiento de superioridad que surge por la necesidad de proteger una autoestima muy débil. El arrogante hincha su imagen por egocentrismo y para evitar que los demás le vean como es en realidad, como él se ve en realidad. Es el narcisista por excelencia.

Para ello se muestra en todas las facetas de la arrogancia: altanero, autoritario, frio, jactancioso, prepotente, engreído, altivo, orgulloso, despectivo, soberbio… no tiene el más mínimo interés en escuchar las opiniones o deseos de los demás. En realidad no es otra cosa que un mecanismo de defensa para disfrazar su poca autoestima.

El arrogante se atribuye derechos sobre los demás precisamente porque cree estar por encima en todos los aspectos y se permite atropellar y maltratar a todos en todo tipo de relaciones.

La arrogancia es un gran defecto de la personalidad que tiene que ver con una de las peores lacras del ser humano, o de los pecados capitales en el cristianismo, la Soberbia. Se comporta exigiendo reconocimiento desmedido y se cree con derecho a privilegios que no le corresponden.

Una pareja arrogante te controlará el móvil, el dinero, las amistades, los horarios. Le quitará importancia a tus logros, organizará tu tiempo libre, siempre tendrá razón, te hará sentir culpable pase lo que pase, te tratará con condescendencia, te hará chantaje emocional, te subestimará ante los demás y lo peor de todo, sentirás **MIEDO**.

Es incapaz de pedir perdón y de reconocer sus

errores. Si le pones en evidencia te verás afectada por un rechazo sobredimensionado, tanto en público como en privado, y herirá tus sentimientos a propósito.

Cuando te relacionas con un arrogante estás metida en una especie de juego competitivo en tensión constante ya que no son capaces de ver la perspectiva de los demás. Para detectar a un arrogante, ya que son capaces de disimular con maestría, tienes varias señales:

- Suelen menospreciar a las personas ausentes. Les resulta relativamente fácil autovalorarse por encima de quien no está ahí para defenderse.

- Reaccionan poco ante las opiniones de otras personas cuando estas opiniones no enfatizan las suyas.

- Alardean, incluso mienten para darse importancia.

- Son vehementes y crueles con los que consideran tímidos o prudentes.

La mejor manera de relacionarte con un arrogante, si no te queda más remedio que hacerlo, es tratarle con respeto pero sin subordinación, no ceder ante sus opiniones si las tuyas son distintas. Y además no dramatizar, conviene estar tranquilo ante sus posibles ataques para entrar en un juego que domina muy bien. Lo mejor es "*ir al grano*" para no conceder demasiada importancia a las discrepancias.

La persona arrogante es de una "*pedantería humillante*" y piensa que es difícil encontrar otras personas que puedan aportar gran cosa a sus maravillosas dotes superiores, razón por la cual hablan más que escuchan.

El arrogante lo es principalmente por una carencia afectiva en su infancia. Siente tanta angustia en su interior por ser rechazado que lo suple demostrando autoridad, aunque en el fondo no es más que la disconformidad consigo mismo que nace precisamente de esa carencia y ese es el motivo de mostrarse superior, cree que puede con todo.

La Dependencia emocional se define como una necesidad muy grande y continua de afecto. El dependiente tiene una baja autoestima por la que es muy crítico consigo mismo y siente un gran temor a la soledad, no concibe su vida sin pareja.

Resulta chocante que el dependiente emocional busque parejas dominantes, egocéntricas y desconsideradas, incluso a maltratadores psicológicos; aun así no son capaces de apartarse de estas relaciones tóxicas. Viven por y para su pareja.

También defenderán a su pareja/monstruo por encima de todo ante sus familiares y amigos llegando incluso a sentir algo parecido al síndrome de abstinencia si su pareja les abandona.

Pueden perdonarles cualquier ofensa y reincidir en reanudar la relación una y otra vez. A menudo se apegan a relaciones tóxicas precisamente por haber perdido a alguien a quien amaban en una relación anterior.

El dependiente emocional obedece completamente al otro individuo al que idealiza porque precisa el vínculo que le proporciona el amor y la autoestima que necesita. Es en realidad una carencia, una necesidad continua de afecto, una especie de "*enganche*". Y habitualmente empeora con el tiempo. Puede incluso enfrentarse a quien intente hacerle ver su dependencia y alejarse de amigos y familiares. Se arrastran a sí mismos al aislamiento social.

Es preciso que el dependiente emocional reconozca que tiene un problema antes de iniciar algún tipo de terapia o acción destinada a buscar soluciones, sin este reconocimiento no será casi nunca posible salir de él, solamente será efectiva si se decide por voluntad propia.

Si resulta tan difícil "*desengancharse*" del arrogante es precisamente porque el mejor remedio, y el que menos está dispuesto a hacer, es esencialmente" *cortar por lo sano*" con la relación tóxica. Disponer de apoyos y evitar todo contacto con el agresor psicológico es lo más indicado en el contexto de dependencia emocional.

La persona aquejada de "*dependencia emocional*" tiene miedo: a la soledad, a no ser querida, a una vida sin sentido. En definitiva, el sujeto dependiente tiene una muy baja autoestima y no cree que pueda seguir adelante sin apoyos, aunque estos sean demoledores.

La autoestima es la valoración que hacemos de nosotros mismos en todos los aspectos de la vida.

Los demás influyen en esta valoración y en nuestra visión del mundo ya que la relación con personas de nuestro entorno ayuda al desarrollo de la idea que tienes de ti mismo y a la creencia de lo que somos.

En este sentido, es muy importante que nos definamos a nosotros mismos con calificativos positivos para valorarnos. Lo ideal es que nos autocalifiquemos como gente satisfecha y valiosa, capaz de hacer frente de forma resolutiva a lo que nos depara la vida.

Hay varios mitos sociales que avivan la dependencia, entre ellos el mito de la media naranja, el príncipe azul, el amor a primera vista o el "no todo el mundo encuentra a su pareja ideal".

Lo cierto es que no existe la pareja ideal porque no existen personas perfectas, son los dependientes quienes les idealizan hasta tal extremo.

Lo ideal es encontrar a la persona que te acompañe en el viaje de la vida, que nos ayude a crecer. Un elevado grado de dependencia solo nos llevará a vivir una situación asfixiante y falta de libertad emocional.

No te sometas, comparte

En consonancia a todo lo anterior encontramos la "**ASERTIVIDAD**" o capacidad para transmitir lo que pensamos, queremos o sentimos de manera que no incomodemos ni ofendamos a la otra persona. Una persona "*asertiva*" no será una persona dependiente ni tendrá poca autoestima.

La conducta asertiva se basa en expresar lo que se siente, saber cómo expresarlo y aprender a decir NO de forma correcta y sin ofender a nuestro interlocutor.

Es importante ser asertivo para comunicarnos fácilmente evitando malas interpretaciones y logrando de ésta guisa mantener relaciones satisfactorias.

¿Qué crees que habría pasado si Alba y Ángel hubieran reaccionado diferente?

Exacto. Todo habría sido muy distinto.

En resumen: arrogancia y dependencia son dos caras de la misma moneda, la falta de autoestima.

- La Arrogancia nos vuelve narcisistas y opresores.

- La Dependencia emocional nos hace sumisos y esclavos.

- La autoestima nos capacita para hacernos responsables de nosotros mismos.

- Así que….

¿Qué prefieres? ¿Serás un arrogante? O bien ¿te querrás más a ti mismo?

Está más claro que el agua:

LA AUTOESTIMA TE HACE FUERTE.

"*Los escritores somos seres heridos. Por eso creamos otra realidad.*"

PAUL AUSTER

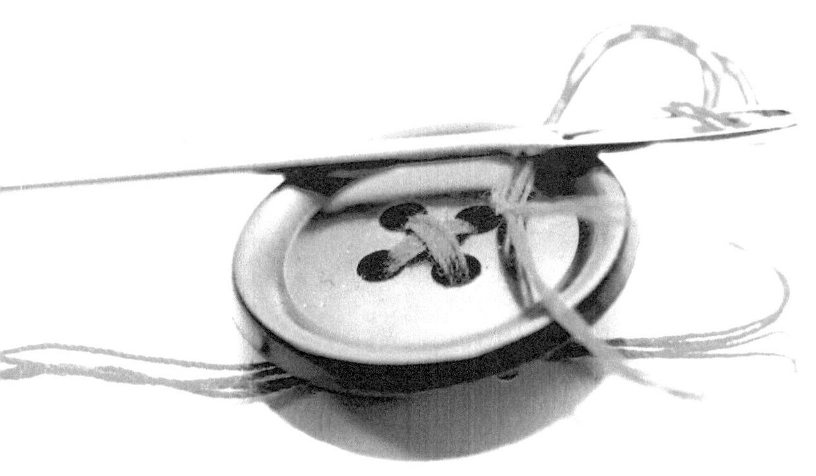

A modo de Epílogo

Hemos llegado juntos hasta aquí.

Lo cierto es que ya me había acostumbrado a relataros historias de personajes que han existido, aunque yo proteja sus identidades cambiando nombres, empleos, fechas y lugares.

Sus vidas, sus problemas, sus cualidades y defectos, sus modos de solucionar – o no – los sucesos narrados, han formado parte de mi existencia ya sea vividos en primera persona o escuchando a sus protagonistas.

Ahora, todos ellos han pasado a formar una parte importante de mí. Espero que también de ti.

Hoy es uno de esos días inevitables.

Acabas el libro.

Cierras en ordenador.

Se acaban los domingos sin salir y las noches sin dormir porque estabas escribiendo un libro.

Te despides de tus amigos, porque en amigos se han convertido tus personajes con los que has compartido tantas horas juntos.

Dices adiós.

Hoy es uno de esos días en que nos vamos, sentimos dolor, casi nos enfría ya la distancia.

Muchas de mis heroínas y héroes han sido y serán una parte importante de mí, sigan cerca o estén lejos.

Con sus hazañas se han convertido en maestros para mi vida. Hemos llorado o nos hemos alegrado de las situaciones que han sufrido porque podríamos haber sido nosotros quienes las soportáramos. O algunas muy parecidas.

Todo lo que me ha sido familiar durante meses, lo que fue mi familia del día a día y se convirtió en mi zona de confort, me mira ahora desde estas páginas y sale de mi casa para meterse en la tuya, pues yo sólo soy la narradora, no la **Heroína** ni tampoco el **Héroe**.

Ellos siempre estarán aquí, me mirarán desde la estantería de mi casa y podré abrir las páginas de sus vidas si los necesito, estarán para guiarme.

Son mi ejemplo, unas páginas amables que secaran mis lágrimas de despedida, la tierra que me sustenta, un posible consuelo para mis males. Son mi guía, mi estrella polar.

Son personas como tú y como yo que nos dan, todos ellos, un mensaje:

Escucha tu voz interior, nunca te rindas. Tienes LUZ.

Encuentra tu Andrómeda.

*Nada dura para siempre, todo
en la vida es aprendizaje,
todo en la vida está en seguir
adelante.*

El Principito.

La trilogía DESCUBRIENDO ANDRÓMEDA

1º - 12 HEROÍNAS

Relatos basados en hechos reales cuyos protagonistas consiguen salir de las penurias diarias - algunas terribles - y que no se rinden a la evidencia.

Pequeñas y espinosas historias que cuentan sus protagonistas a Alba, la propietaria de un pequeño taller de costura donde su profesora les escucha.

Buscan su luz interior para que les ilumine y así resurgir de una vida a la que se habían acostumbrado.

Van en busca de su Andrómeda para lograr brillar.

2º - 12 HEROES

Denomino "Monstruo" todos los sentimientos, defectos, actitudes, caracteres, bloqueos, adicciones, trastornos…. En fin, toda lo negativo que nos encontramos a diario.

Nos llegan por muchos caminos como las depresiones, fanatismos, vicios, orgullos, drogas, desamores, miedos…..

Quizá no consigas eliminar por completo a tus monstruos pero sí que puedes gestionar las sensaciones que te generan.

Puedes buscar la luz en tu interior y dejarles ciegos con ella, puedes resurgir a una nueva vida más feliz, puedes….

Adormecer a tu monstruo. Para siempre.

3º - 12 VIDAS HEROICAS

Si ya has leído los dos libros anteriores ya sabes cuál fue el desenlace de la historia, ahora quisiera mostrarte desenlaces alternativos que podrían haber cambiado el rumbo de las cosas.

- ¿Qué pasaría si hubieran hecho cosas diferentes?

¿Qué crees que habría pasado?

Exacto. Todo habría sido muy distinto.

LA LUZ TE HACE FUERTE.

Me encontrarás en...

 Àngels Bardina

 @angels_bardina